Joachim Kardinal Meisner

Er war mein Freund

Joachim Kardinal Meisner

Er war mein Freund

Ein Zeugnis aus der Nähe

Pattloch

Bild S. 2: *Kardinal Meisner zu einem Privatbesuch in Rom bei Papst Johannes Paul II. Foto: Archiv Meisner*

Bibliografische Information Der Deutschen Nationalbibliothek
Die Deutsche Nationalbibliothek verzeichnet diese Publikation in der Deutschen Nationalbibliografie; detaillierte bibliografische Daten sind im Internet über http://dnb.d-nb.de abrufbar.

Umschlaggestaltung: ZERO Werbeagentur, München
Umschlagfoto: L'Osservatore Romano
Innengestaltung: Hartmut Czauderna
Lektorat: Michael Schönberger
Druck und Bindung: Offizin Andersen Nexö, Leipzig GmbH
Printed in Germany

ISBN 978-3-629-02156-4

Besuchen Sie uns im Internet
www.pattloch.de

Inhalt

Er war mein Freund

Ein Zeugnis aus der Nähe

Nachgefragt

Kardinal Meisner im Gespräch mit Erich Läufer

Lebenswege

Er war mein Freund

Ein Zeugnis aus der Nähe

Die Weggefährtenschaft mit Papst Johannes Paul II. gehört zu den besonderen Geschenken Gottes, die ich in meinem Leben empfangen durfte.

Gesucht und gefunden

Im September 1975 begegneten wir uns zum ersten Mal bei der Herbstwallfahrt der thüringischen Katholiken zum Erfurter Dom. Bischof Aufderbeck von Erfurt lud den damals über die Grenzen Polens hinaus noch nicht so bekannten Erzbischof von Krakau zur Wallfahrt ein, um den wenigen Katholiken in der damaligen DDR in ihrer Ghettosituation die Erfahrung zu schenken, dass sie zur großen katholischen Weltkirche gehören. Kardinal Wojtyła durfte als ausländischer Bischof nicht offiziell zu DDR-Bürgern sprechen, so dass ihm nicht der Predigtdienst übertragen werden konnte. Deshalb durfte der damals neue Weihbischof von Erfurt, Joachim Meisner, die Predigt halten, während der Krakauer Erzbischof dann am Schluss vor dem Segen ein Grußwort an die versammelten katholischen Christen aus Thüringen halten konnte, das mindestens so lang war wie die Predigt. Von diesem Gottesdienst an ist das passiert, was man geläufig so bezeichnet: Wir hatten uns gesucht und gefunden. Noch nach Jahren erinnerte mich der Papst immer wieder

Die erste Begegnung 1975. Bistumswallfahrt am Mariendom zu Erfurt. Von links: Bischof Joachim Meisner, Kardinal Karol Wojtyła, Bischof Hugo Aufderbeck. Foto: Thoma

an die damalige Wallfahrtspredigt und wusste noch meine drei Gliederungspunkte von damals. Ich selbst hatte im Papst einen Bischof gefunden, mit dem ich nicht nur die gleiche theologische Wellenlänge hatte, sondern ich fand meine spirituellen Wegschritte bei ihm voll entfaltet und ausgereift. Er war für mich wie ein Weg mit Spuren, in die ich meine eigenen Füße setzen konnte, um an das Ziel zu gelangen. Bevor Erzbischof Kardinal Wojtyła Papst wurde, sind wir uns sporadisch in seiner polnischen Heimat begegnet.

Die Wurzeln seines Glaubens

Ich beschreibe den Papst gern als einen Mann, der gescheit war wie ein Dutzend Professoren und dabei fromm wie ein Erstkommunionkind. Die Wurzel dieser Haltung liegt begründet im sogenannten Inkarnationsmysterium, dass Gott Mensch geworden ist. Aus dieser Wirklichkeit erklärt sich der Lebensweg, das charakterliche Profil und – wenn wir so wollen – die Lebensleistung dieses großen Menschen, der als Papst Johannes Paul II. in die Weltgeschichte eingegangen ist.

Dass Gott in Jesus Christus Mensch geworden ist, und zwar aus dem ganz konkreten Menschen Maria von Nazareth, war die tiefste Motivation für die Marienverehrung von Karol Wojtyła. Sie war nicht eine katholische Sondervariante des Evangeliums oder gar eine besondere polnische Auswirkung des kirchlichen Lebens, sie war und ist vielmehr das Prinzip christlichen Daseins. Maria will auch nicht fassen, dass Gott aus ihr Mensch werden soll. Und sie fragt kritisch zurück: »Wie soll das geschehen, da ich keinen Mann erkenne?« (Lk 1,34). Sie bekommt als Antwort: »Für Gott ist nichts unmöglich« (Lk 1,37). Und dazu sagt sie ihr »Ja«. Maria hält diese Wirklichkeit der Menschwerdung Gottes in der Welt gegenwärtig. Und wenn Gott Mensch wird, dann bleiben der Mensch und die Welt die Begegnungsmöglichkeit mit Gott selbst. Die Welt bekommt gleichsam einen sakralen Charakter.

In diese sakrale Welt, die in seiner polnischen Heimat einen besonderen Akzent hat, ist Karol Wojtyła als Kind und junger Mensch hineingewachsen. Die Welt wurde für ihn eine permanente Einladung zur Begegnung mit dem lebendigen Gott, der ja seit seiner Menschwerdung in der Welt aufzuspüren ist.

Das berühmte Wort des Papstes bei seiner Einführungsansprache: »Habt keine Angst! Öffnet die Türen für Christus!«, ist das Echo von Nazareth, als der Engel zu Maria sagt: »Fürchte dich nicht, Maria, denn du hast bei Gott Gnade gefunden« (Lk 1,30). Darum hatte er ihr sein Leben anvertraut, wie sein Wahlspruch sagte: »Totus tuus«, weil er dann aus der Wirklichkeit der Menschwerdung Gottes nicht herausfallen kann. Dafür ist Maria geradezu eine Garantie. Es sind ja gerade die Kirchen des Ostens, in denen das Mysterium der Menschwerdung Gottes ganz lebendig geblieben ist, weil sie nie Maria aus dem Blick verloren haben und deswegen so widerstandsfähig waren in der 70-jährigen kommunistischen Verfolgung. Der Papst war in seinem theologischen Denken durch und durch davon erfüllt. So entwarf er auch eine marianische Geographie: In Tschenstochau war Maria den Polen eine Polin, in Guadalupe den Südamerikanern eine Südamerikanerin, in Altötting den Deutschen eine Deutsche, in Mariazell den Österreichern eine Österreicherin, in Lourdes den Franzosen eine Französin und in Fátima den Portugiesen eine Portugiesin. Diese marianische Geographie ist gleichsam ein Beweis dafür, dass die Menschwerdung Gottes überall real existiert. Überall hören die Menschen dann das Wort des Engels: »Fürchte dich nicht, Maria! Fürchte dich nicht, Johannes! Fürchte dich nicht, Elisabeth! – Öffnet die Tore für Christus!« Es entspricht ganz dieser Ordnung der Menschwerdung Gottes, dass nun der Herr in konkreten Zeichen unter uns gegenwärtig ist, natürlich außer Konkurrenz in den Sakramenten der Kirche, aber auch in den anderen Ausdrucksformen der Frömmigkeit.

So spielte der Rosenkranz im Leben des Papstes eine große Rolle. Der Rosenkranz ist nichts anderes als das aufgefädelte Neue Testament, gleichsam das Evangelium in Blindenschrift. Im sogenannten »Freudenreichen Rosenkranz« betrachten wir die Geheimnisse der Menschwerdung Gottes, im »Lichtreichen Rosenkranz« das öffentliche Wirken Jesu, im »Schmerzhaften Rosenkranz« die Stationen seiner Passion und im »Glorreichen Rosenkranz« seine Vollendung in Herrlichkeit und unsere eigene, damit verbundene Berufung.

Auch ist der Papst sein Leben lang jeden Tag den Kreuzweg gegangen. Er ist in einer Kirche oder in einer Kapelle die vierzehn Stationen des Leidens Jesu abgeschritten. Das alles brachte ihn in die Zeitgleichheit mit Jesus Christus. Darum war sein Leben das Nachleben Jesu Christi oder das Mitleben mit dem Leben Jesu. Das ließ aus dem Papst einen Mann Gottes werden. Er war total durchlässig für die frohe Botschaft von der Erlösung des Menschen durch Jesus Christus. Er hat den Menschen das verkündet, was er selbst durch diese heiligen Zeichen schaute und erlebte. Der Apostel Paulus sagt: »Euer Leben ist mit Christus verborgen in Gott« (Kol 3,3). Das äußere Tun des Papstes war abgedeckt durch sein inneres verborgenes Leben mit Christus in Gott. Er war so überzeugend, weil er sagte, was er tat. Seine große und tiefe theologische Erkenntnis wurde Praxis in seinem persönlichen Leben und in seinem bischöflichen und päpstlichen Wirken. Deshalb war der Papst wirklich ein Meister des Gebetes.

Es wird uns berichtet, dass er sich als Erzbischof von Krakau nach der gefeierten Eucharistie am frühen Morgen und dem anschließenden Frühstück drei Stunden in seine Hauskapelle begab, dort vor dem Allerheiligsten Sakrament niederkniete und dabei seine Predigten, Vorträge, Meditationen und seine Vorlesungen als Professor in Lublin entwarf. Sein Betschemel hatte einen kleinen Klapptisch. Wenn er sich nach drei Stunden erhob, war der Altarraum der

Kapelle ganz mit Manuskriptseiten gefüllt. Er schrieb wirklich eine kniende Theologie. Wie er Theologie auffasste, geht auch daraus hervor, dass er seine Vorlesungsmanuskripte nicht mit Zahlen kennzeichnete, sondern immer mit den Anfangsbuchstaben der Worte der großen christlichen Hymnen. An diesen Kleinigkeiten wird sichtbar, dass für ihn Theologie nicht Rede über Gott, sondern Rede vor Gott war, und zwar als Lobpreis, als Danksagung und als Anbetung.

Johannes Paul II. wusste sich gerufen, das Leben Jesu in Palästina in seinen jeweiligen Lebenskreis zu übersetzen. So wie Jesus die Natur liebte – er holte in seinen Gleichnissen gleichsam die ganze Schöpfung in sein Denken und Sprechen hinein, um die Geheimnisse des Reiches Gottes den Menschen zu verdeutlichen –, so war auch Karol Wojtyła ein Mann, den die Liebe zur Natur mit seiner heimatlichen Umgebung verband. In ihr begegnete ihm der Schöpfer selbst. Er war ein ausgewiesener Bergsteiger, der die Berge der heimatlichen Tatra nicht nur vom Sehen kannte, sondern vom Bergsteigen im Sommer und vom Skifahren im Winter. Dabei ist es bezeichnend, dass er nie als Single durch die Natur wanderte, sondern immer einen Freundeskreis, meistens Ehepaare oder Jugendliche, um sich hatte, die mit ihm durch Verkündigung und Leben in der Kirche eng verbunden waren. Das Gleiche gilt für die Masurische Seenplatte. Hier war der Papst im Sommer ein ausgewiesener Paddler, der immer wieder mit Gruppen junger Menschen Sport und Glaubenspraxis überzeugend verband.

Der Kampf in Polen

Bereits dem Kardinal von Krakau war es gegeben, die tiefsten theologischen Wirklichkeiten in die Alltagswelt hinein zu übertragen und ihren ungeheuren Wert jungen Menschen zu erschließen. In den Jahren seiner Wirksamkeit in der polnischen Heimat fiel sein besonderes Charisma Außenstehenden, namentlich im Ausland, kaum auf. Im damaligen Kampf der Kirche gegen den Kommunismus war die Einheit der Kirche von einer überaus großen Wichtigkeit. Die charismatische Führergestalt der polnischen Kirche war der Kardinalprimas von Warschau, Kardinal Wyszyński. Hinter dessen breitem Rücken stand Kardinal Wojtyła uneingeschränkt. Die Kommunisten versuchten oft, beide polnischen Kardinäle auseinanderzudividieren. Bei einem Staatsbesuch des französischen Präsidenten Charles de Gaulle war auch ein Besuch bei Primas Kardinal Wyszyński in Warschau vorgesehen. Die Regierung hat das kurzfristig verändert in einen Besuch beim Erzbischof von Krakau, Kardinal Wojtyła. Als die hohe Besuchsdelegation vor dem erzbischöflichen Haus in Krakau erschien, öffnete der Portier die Tür und ließ die Wartenden wissen, dass der Erzbischof unterwegs in einem Dorf in der Hohen Tatra ist, um dort Kindern das Sakrament der Firmung zu spenden – eine Lektion, die den Verantwortlichen der Regierung zu verstehen gab: Zwischen ihm und dem Primas ist keine Entzweiung möglich.

In all den Jahren als Erzbischof von Krakau war Kardinal Wojtyła immer noch als ordentlicher Professor an der Katholischen Universität in Lublin tätig. Seine Vorlesungen waren für die Hörer nicht ganz leicht zu verstehen, da er keine normale Schultheologie las, sondern die Probleme, wie sie sich für eine christliche Ethik im alltäglichen Leben ergaben, reflektierte und sie in die katholische Ethiklehre zu integrieren versuchte. Für ihn als wissenschaftlichen Theologen, aber auch als Christen, Priester und Bischof war das Thema Nummer 1 neben Gott der Mensch. Er sagte: »Der Mensch ist der Weg Gottes durch die Geschichte.« Hier klingt wieder die Wirklichkeit der Menschwerdung Gottes an. Schon in der Schöpfungsordnung ist der Mensch als Ebenbild Gottes erschaffen. Diese Ebenbildlichkeit des Menschen mit Gott ermöglichte ihm dann, dass er selbst Mensch werden konnte. Damit hat er dem Menschen die Gottfähigkeit verliehen, d. h., der Mensch wird fähig, gleichsam mit Gott an einem Tisch zu sitzen, wie es in der Eucharistie Wirklichkeit geworden ist. Darum war der Mensch durch die Menschwerdung Gottes zu einem Thema geworden, das ohne Gott gar nicht sachgemäß behandelt werden kann.

Der Beter und Seelsorger

Wie Jesus immer wieder auf die Berge oder an den See in die Einsamkeit ging, um zu beten, so war Karol Wojtyła auch darin ein eifriger Nachahmer Jesu. Er suchte immer, wo es ihm möglich war, die Einsamkeit, um mit dem Herrn im Gebet allein zu sein. Wenn Erzbischof Wojtyła auf Besuch war, hörte man schon früh um fünf seine Schritte, die den Weg zur Kapelle gingen, um dann zwei Stunden bis zur Messfeier zu beten. Aber auch als Papst bei den großen liturgischen Feiern konnte man sehen, dass er den Rosenkranz in der Hand hielt und inmitten von Chören und Prozessionen tief im Gebet versunken war. Das Gleiche erlebte man, wenn man eingeladen war, mit ihm am frühen Morgen die heilige Eucharistie zu feiern. Der Papst saß dann schon immer auf seinem Betstuhl oder kniete auf seinem Schemel und war tief ins Gebet versunken. Mitunter hörte man dabei ein tiefes Seufzen. Man musste ihn förmlich aus dem Gebet holen, wenn die Zeit zur Zelebration der Heiligen Messe gekommen war. Und auch hier waren die

Papst Johannes Paul II. im Heiligen Jahr 2000 in Israel. Er betet in der Brotvermehrungskirche in Tabgha am See Gennesaret, auf »Kardinal Meisners deutschem Territorium«. Foto: Prälat Erich Läufer

Zeiten der Stille und Betrachtung bezeichnend, so etwa zu Beginn der Heiligen Messe, wenn der Zelebrant uns zur Gewissenserforschung vor dem Bußakt aufforderte; oder nach dem Evangelium legte der Papst wiederum eine fünfminütige Stille zur Betrachtung der heiligen Texte ein; oder die Danksagung nach der heiligen Kommunion wollte oft kein Ende nehmen, und wenn man Termine hatte, schielte man schon immer ein wenig unruhig auf die Armbanduhr. Es ist bezeichnend, dass die Menschen Jesus in die Gebetsstille nachliefen und ihn suchten. Weil er ein so großer Beter war, war er auch ein so gesuchter Seelsorger.

Das Gleiche muss man von Karol Wojtyła sagen: Weil er ein so intensiver Beter war, wurde er ein gesuchter Seelsorger von nah und fern. Als die Jünger Jesus beten sahen, sprachen sie ganz spontan zu ihm: »Herr, lehre uns beten!« (Lk 11,1) Die Jünger sind nicht durch Reflexion und Belehrung zum Gebet gekommen, sondern durch den Vorbeter, der Jesus ihnen war. Ebenso ist es bei Papst Johannes Paul II. gewesen. Ich habe ihn oft gefragt, wie man richtig beten sollte. Und er sagte ganz einfach: »Wie ein Kind. Gott schaut mich an, und ich schaue ihn an und halte ihm dabei mein Herz voller Sorgen und Anliegen hin. Mehr ist eigentlich nicht nötig.« Und er meinte, dass Beten doch besser gelingt als etwa ein Gespräch mit dem Papst. Um den Papst sprechen zu können, müsse man sich lange zuvor in seinem Sekretariat anmelden. Dann würde schließlich ein Termin festgemacht und man müsse erst nach Rom kommen, bis es schließlich so weit ist. Beim Gebet braucht man keine Termine zu erbitten, man braucht vorher kein Sekretariat anzugehen, auch keine lange Flugreise hinter sich zu bringen. Gott ist immer zu sprechen, ohne Voranmeldung, ohne Sekretariat, ohne Vorzimmer. Er ist immer für uns da. Warum nutzen wir das so wenig aus?

Ähnliches wird man sagen dürfen über den Stellenwert, den die Heilige Messe in seinem Tagewerk einnahm. Die tägliche Eucharistiefeier war der Höhepunkt seines Tages. Und ich weiß nicht, ob es einen Tag in seinem Leben gegeben hat, an dem er nicht selbst die Heilige Messe gefeiert hat. Selbst von seinem Krankenhausaufenthalt nach dem Attentat wird berichtet, dass er am nächsten Tag schon wieder im Bett konzelebriert hat, während sein Sekretär im Krankenzimmer die Heilige Messe feierte. Als im Jahr 1974 der Märtyrerkardinal Stephan Trochta in Leitmeritz in der damaligen Tschechoslowakei beerdigt wurde, durften die anwesenden Kardinäle und Bischöfe aus dem Ausland nicht konzelebrieren. Nachdem Kardinal Wojtyła auf seiner Rückfahrt am Spätnachmittag die tschechisch-polnische Grenze passiert hatte, hielt er im nächsten Ort vor der Kirche an und bat den dortigen Pfarrer, ihm die Möglichkeit zu geben, die Heilige Messe zu feiern. Er war so mit der heiligen Eucharistie verwachsen, dass er sich als Priester und Bischof ein Leben ohne die tägliche Zelebration überhaupt nicht denken konnte. Man braucht nur die Briefe, die er jährlich zum Gründonnerstag eigens an die Priester geschrieben hat, zu lesen, dann wird ganz deutlich, dass er täglich vor dem Altar mit derselben Ehrfurcht stand, die ein Neupriester bei seiner Primiz hat. Ich durfte oft mit dem Heiligen Vater konzelebrieren. Dabei hatte ich nie den Eindruck, dass ihm die Messfeier zur Routine geworden ist. Als er schon sehr schlecht gehen und sich nur schwer bewegen konnte, zwang er sich bei der Eucharistiefeier immer wieder auf die Knie zur Anbetung vor den heiligen Gestalten von Brot und Wein, die nun in den Leib und in das Blut Christi verwandelt worden waren. Er konnte stundenlang vor dem Herrn in der Eucharistie im Tabernakel beten. Sein tiefer Glaube an die bleibende Gegenwart des Herrn in der Eucharistie ließ ihn bei seinem Hirtenamt immer wieder als Augen- und Ohrenzeuge Christi auftreten.

In der Eucharistie ist er wirklich in die Gleichzeitigkeit wie in die Gleichörtlichkeit mit Jesus Christus gelangt. Deshalb kam er auch auf die originelle Idee, ein ganzes Jahr der heiligen Eucharistie zu widmen, indem er den Eucharistischen Weltkongress im Oktober 2004 in Guadalajara in Mexiko zum Auftakt dafür proklamierte und im Oktober des folgenden Jahres dann die Bischofssynode mit dem Thema der Eucharistie zu dessen Ende. Letzteres hat er auf Erden nicht mehr erleben können. Weil er so tief das Geheimnis der Eucharistie verkostete, konnte er auch so Wesentliches über das Priestertum sagen. Denn beide Sakramente, Eucharistie und Priestertum, sind gleichsam vom Herrn am gleichen Ort, zur gleichen Zeit, im selben Atemzug eingesetzt worden. Indem er über Brot und Wein sprach: »Das ist mein Leib. Das ist mein Blut«, war das Sakrament der Eucharistie eingesetzt. Und indem er den zwölf um den Tisch Versammelten den Auftrag gab: »Tut dies zu meinem Gedächtnis!«, war das Priestertum geboren worden. Darum wurde er nicht müde, über die Schönheit und Größe des Priestertums zu sprechen und zu schreiben.

Der weltweite Priestermangel in der Kirche gehört zu den traurigsten Erfahrungen, die er als Papst machen musste. Bei einem Gespräch anlässlich des Ad-Limina-Besuches fragte er mich, welches meine größten Sorgen seien. Ich antwortete ihm: »Heiliger Vater, die wenigen Priesterberufungen.« Und er nickte mir zustimmend zu, indem er sagte: »Das kann ich wirklich verstehen. Darin muss die größte Sorge eines Bischofs liegen, wenn sein Priesterseminar nicht mehr gefüllt ist. Das ist aber wie ein Indikator für eine tiefer liegende Krise, die man in den Blick nehmen muss: der enge Zusammenhang von Priestertum und Ehe und Familie.«

Leidenschaft für Ehe und Familie

Der Papst sagte mir einmal bei einem anderen Anlass in einem sehr tiefen Gespräch, dass auf den ostkirchlichen Deesis-Ikonen immer Christus in der Mitte sichtbar ist und rechts davon Maria und links davon Johannes der Täufer. Damit möchte die Kirche zum Ausdruck bringen, dass Christus bei seiner Menschwerdung auf alles verzichtet hat, nur nicht auf eine Mutter und auf einen Taufpriester. Muttersein und Priestersein gehören auf das innigste zusammen. Wo die Frau und Mutter nichts mehr gilt, dort hat auch der Priester keine Chance mehr. Und hier liegt auch der Grund, warum der Papst neben seiner tiefen spirituellen und theologischen Erkenntnis des Priestertums auch so ein theologischer Fachmann für Ehe und Familie war. Eigentlich gehört zu seinen theologischen Hauptwerken das Thema Ehe und Familie, und zwar geboren aus seiner Grundüberzeugung, dass die Menschwerdung Gottes in Jesus Christus den Menschen in eine Gottebenbildlichkeit gebracht hat, die nicht mehr zu übertreffen ist.

Er erinnerte an jene Trinitätsikone, die in seiner polnischen Heimat und in der Ukraine weit verbreitet war und ist. Sie zeigt gleichsam vertikal in der oberen Dimension des Bildes Gottvater, darunter direkt die Geisttaube und unter der Taube den Jesusknaben, der in der unteren Dimension des Bildes zu stehen kommt. An dieser vertikalen Linie steht dann: Sanctissima trinitas increata – die ungeschaffene Dreifaltigkeit: Gottvater, der Heilige Geist und Gottsohn

Jesus Christus. Auf der gleichen Ebene steht rechts neben Jesus seine Mutter Maria und links steht der heilige Josef. Unter dieser horizontalen Linie liest man auf der Ikone: Sanctissima trinitas creata – die geschaffene Dreifaltigkeit: Jesus, Maria und Josef. Das heißt, das vollkommenste Bild des dreifaltigen Gottes ist die christliche Familie: Vater, Mutter und Kind. Wo dieser Zusammenhang nicht mehr gesehen wird, fällt die Ehe auseinander, und damit zerfällt auch die Familie. Wie recht der Papst damit gehabt hat, zeigt ein Blick in die Gegenwart. Daher rührte sein ungeheurer Einsatz während seines päpstlichen Dienstes für Ehe und Familie. Hier war der Papst oft der einsame Rufer in der Wüste. Aber er wusste, dass ihm diese Botschaft von Gott aufgetragen ist, weil dort, wo der Mensch verkannt wird, auch Gott nicht mehr gesehen wird. Deshalb wurde er nicht müde, immer wieder auf die Unersetzlichkeit von Ehe und Familie hinzuweisen. Hierbei kann man sich nur mit innerer Ergriffenheit an seine Mittwochsaudienzen erinnern. Er lud die Ehepaare dazu ein, die in den letzten Wochen geheiratet hatten. Sie durften dann im Brautstaat die ersten Reihen bei der Audienz besetzen, um danach einzeln dem Heiligen Vater die Hand zu geben und dabei einen Rosenkranz aus seiner Hand zu empfangen als Zeichen seiner Anteilnahme an ihrem Ehe- und Familienleben.

Angriff aus der Nacht

Ich bin zutiefst überzeugt, dass solche Hirten ganz besonders den Angriffen des Teufels ausgesetzt sind. Hier sehe ich im Attentat auf den Heiligen Vater am 13. Mai 1981 gleichsam den Großangriff der Hölle gegen diesen Diener Gottes. Gerade das Attentat zeigte wiederum die Verflochtenheit seines Lebens mit der Menschwerdung Gottes, die aus der Kraft des Heiligen Geistes durch Maria, die Jungfrau, geschehen ist. Der 13. Mai ist der erste Erscheinungstag der Muttergottes von Fátima. Er wird jedes Jahr hochfeierlich in Fátima an den jeweils darauffolgenden Monatsdreizehnten bis zum Oktober begangen, also zu den Erscheinungstagen der Muttergottes vor den Hirtenkindern. Sie hatte ihnen damals die Botschaft überbracht, dass sich Russland von der Gottlosigkeit wieder bekehren werde, und forderte die Kinder zum Gebetseinsatz in diesem Anliegen auf. Diese erste Erscheinung am 13. Mai 1917 geschah ein halbes Jahr vor der sogenannten Oktoberrevolution in Sankt Petersburg. Bevor das Licht des Glaubens im Osten ausging, hatte Maria im äußersten Westen Europas das Licht des Glaubens für den Osten schon angezündet. Und gerade an einem solchen Erscheinungstag wird auf den Papst das Attentat verübt, der im Begriff war, im sowjetischen Machtbereich die Kirche und die Christen vom kommunistischen Druck zu befreien. Wer hier keinen unmittelbaren Zusammenhang sieht, der ist wirklich blind. Der Attentäter Ali Agca konnte nicht fassen, dass sein Schuss nicht tödlich war. Die Ärzte und Mediziner erkannten, dass nur ein Millimeter genügt hätte, um den Papst zu töten. Der Heilige Vater war zutiefst überzeugt, dass hier die Muttergottes die Hand im Spiel hatte. Und wie die letzte Seherin, Schwester Lucia, bestätigte, ist mit der Vision von 1917 der Papst gemeint, als die Seherkinder zu Protokoll gaben, dass ein Mann in weißer Kleidung am Ende oder vor der Wende niedergeschossen werden wird. Und in der Tat hatte die göttliche Vorsehung im Konklave 1978 den Erzbischof von Krakau zum Papst werden lassen, weil Gott mit ihm die Befreiung Europas vom Kommunismus vorhatte.

Der Papst und die Wende

Als ich 1980 Bischof von Berlin wurde, war die Stadt gespalten in Ost und West. Als einmaliger Vorgang im kommunistischen Bereich waren zwei entgegengesetzte Ideologien in einer Diözese verbunden. In Berlin war alles gespalten, selbst die evangelische Gemeinschaft. Nur die katholische Kirche behielt ihre Einheit mit einem Bischof über die Mauer hinweg. Alle Ost-West-Spannungen wurden gleichsam in Berlin wie bei einem empfindlichen Seismographen registriert und fanden im Leben der Stadt ihren Widerhall. Unter meinem Vorgänger Alfred Kardinal Bengsch wollte Papst Paul VI. im Zuge seiner Ostpolitik das kirchliche Provisorium in der DDR kirchlich normalisieren. Es sollte ein Vertrag oder ein Abkommen zwischen der katholischen Kirche in der DDR einschließlich Ostberlins und der DDR geschlossen werden, um die provisorischen kirchlichen Organisationen an die tatsächlichen politischen Verhältnisse anzupassen und damit das kommunistische System, sprich die DDR, anzuerkennen. Das hätte auch die Einheit des Bistums Berlin tangiert. Kardinal Bengsch wandte sich vehement gegen diese Pläne. Und es ist wohl nur dem Tod des Papstes Pauls VI. zuzuschreiben, dass sie nicht zum Ziele kamen.

Als ich dann im Jahr 1980 das Bischofsamt in Berlin übernahm, war Johannes Paul II. schon eineinhalb Jahre Papst. Als ehemaliger Bischof im Kommunismus wusste er genau, dass geschriebene Vereinbarungen mit dem Kommunismus immer zu Lasten der Kirche gingen. Denn nach dem Gesetz des Klassenkampfes galt Vertragstreue als sittlich schlecht, wenn sie den Klassenkampf behinderte, so dass man verpflichtet war, die Vertragstreue zu brechen, um den Klassenkampf voranzubringen. Darum hatte ich nie

Kardinal Meisner begrüßt im Namen einer deutschen Pilgergruppe Johannes Paul II. in der Audienzhalle im Vatikan, 1990er Jahre. Foto: Prälat Erich Läufer

Schwierigkeiten dieser Art mit Papst Johannes Paul II. Er sagte immer: »Bewahrt und behaltet den erkämpften ›Modus vivendi‹, und von allem anderen lassen wir die Finger.«

Wenn ich den Heiligen Vater in diesen Berliner Jahren besuchte, kam er mir immer mit einem ganz besonderen Verständnis entgegen. Er sagte dabei etwas humorvoll: »Dein rechter Arm ist kapitalistisch, dein linker Arm kommunistisch, aber dein Herz – Gott sei Dank! – ist katholisch.« Er stärkte meine Position und machte mir immer wieder Mut zum Durchhalten und sich nicht einschüchtern zu lassen, sondern progressiv das Evangelium, gerade auch in der kommunistischen Umwelt, zu verkünden. Durch diesen päpstlichen Impuls haben wir dann als Bischöfe in der damaligen DDR ein erstes großes überdiözesanes Katholikentreffen in Dresden zu veranstalten versucht. Es sollen über 150 000 Gläubige dabei gewesen sein, was bei ca. einer

Million Christen in der DDR eine hohe Zahl darstellte. Als Vorsitzender der Berliner Bischofskonferenz oblag es mir, dort die Predigt zu halten. Dabei versuchte ich, den Gläubigen zu sagen, dass unser Land zwischen Oder und Neiße im Osten und Werra im Westen nicht Produkt des realexistierenden Sozialismus ist, sondern ein Stück Schöpfung Gottes und dass die Menschen, die hierzulande wohnen, Kinder Gottes sind, für die wir Mitverantwortung zu tragen haben. Darum können wir nicht alle in den Westen gehen. Uns ist es gegeben, das Wort des Propheten nachzusprechen: Auf dieses herrliche Land ist unser Los gefallen (vgl. Ps 16,6). Wir bleiben als Christen hier vor Ort, aber wir wollen dabei keinem anderen Stern folgen als dem Stern von Bethlehem. Die vieltausendköpfige Versammlung antwortete mit spontanem Beifall, denn jeder wusste, was damit gemeint ist. War doch auf jedem öffentlichen Gebäude wie Schule, Fabrik oder Rathaus ein großer Sowjetstern montiert, der dann nachts auch noch hell leuchtete. Das Ergebnis von Dresden bedeutete: Wir haben als Christen auch in diesem Raum des ersten sozialistischen Staates in Deutschland unsere Aufgabe, der wir uns stellen wollen, vor der wir nicht davonlaufen zum Heile der Menschen, die unsere Mitbewohnerinnen und Mitbewohner sind.

Umso mehr bestürzte mich die Nachricht, die mich sechs Wochen danach erreichte, dass der Heilige Vater beabsichtigte, mir den inzwischen verwaisten Bischofsstuhl von Köln anzuvertrauen. Ich machte mich sofort auf den Weg nach Rom und erbat mir vom Heiligen Vater einen dringenden Gesprächstermin. Ich schilderte dem Papst die Vorgänge beim Dresdner Katholikentreffen und sagte: Wenn ich nun wegginge, würde ich meine dortige Botschaft Lügen strafen, und die Kirche würde an Glaubwürdigkeit sehr verlieren. Der Vorsitzende der Bischofskonferenz mahnt zum

Papst Johannes Paul II. und der ehemalige Kölner Erzbischof Joseph Kardinal Höffner in den 1980er Jahren. Foto: Archiv KiZ

Bleiben, und er ist der Erste, der davongeht. Es würde auch schon davon gesprochen, dass die Ratten das sinkende Schiff verlassen. Der Papst hörte sich das in aller Ruhe an und sagte, ich sollte mir diesbezüglich keine Gedanken machen, denn ich werde der erste Ostdeutsche sein, der nach Westdeutschland geht. Danach werden mir viele folgen. Und viele Westdeutsche werden nach Ostdeutschland gehen, denn das System kippt. Ich habe darauf dem Heiligen Vater freimütig gesagt, dass ich das einfach nicht glauben kann. Schließlich habe er das auch nicht »ex cathedra« gesagt. Der Papst entgegnete mir darauf, dass seine Aussage nicht »ex cathedra«, d. h. »unfehlbar«, war, aber dass er doch recht hätte. Auf meinen Einwand, ob er Hinweise von Geheimdiensten hätte, zeigte er zum Himmel und sagte: »Dort oben ist mein Geheimdienst.« Ich verließ den Papst niedergeschlagen und traurig, weil er nach meiner Meinung einem großen Irrtum erlag. Ich war immer davon überzeugt, dass der Kommunismus eines Tages unterginge, aber dass dies erst in 100 Jahren erfolgen würde, wenn man bedenkt, wie der Kommunismus 1953 in der DDR, 1956 in Ungarn und 1968 in der Tschechoslowakei regiert hat, nämlich immer mit Panzern und Waffengewalt. Und schließlich lagerten in der Sowjetunion Atombomben, die jederzeit einsatzbereit waren.

Aber wie sich dann herausstellte: Der Papst hat doch recht gehabt! Ja, wir müssen heute sagen, dass der waffenlose Untergang des Kommunismus wesentlich dem Wirken dieses großen Papstes mit zu verdanken ist. Er hat das bewirkt durch kein politisches Programm, durch keine politische Aktion. Er hat seine polnischen Landsleute und die Menschen in den kommunistischen Staaten nicht aufgerufen, auf die Barrikaden zu gehen, die Waffen zu ergreifen, um die Diktatoren aus ihren Regierungspalästen zu vertreiben. Nein, er verkündete freimütig und mit aller inneren Konsequenz die Botschaft von der Gottebenbildlichkeit des Menschen, der von Geburt an Rechte hat, die nicht erst der Bestätigung durch die Gesellschaft bedürfen und die niemand ihnen vorenthalten darf, sondern die er zu respektieren und zu akzeptieren hat. Hier geht es um das Recht der Freiheit des Menschen und das Recht auf Selbstbestimmung, aber auch um die Pflicht zur Solidarität mit allen Mühseligen und Beladenen. Mit dieser Botschaft hatte der Papst dem Kommunismus gleichsam den Boden unter den Füßen weggezogen. Die Menschen lehnten in der überwältigenden Mehrheit den Kommunismus ab. Dies betraf gerade seine Landsleute in Polen. Sie bekannten sich zum Glauben an den lebendigen Gott, dem man mehr zu gehorchen hat als den Menschen. Deshalb verstanden sie ihren päpstlichen Landsmann am besten und der Untergang des Kommunismus begann in seiner polnischen Heimat und setzte sich dann in den anderen Staaten des Ostblockes fort. Es hat in der Weltgeschichte kaum einen Papst gegeben, der eine solch intensive Außenwirkung in der Welt und bei den Menschen hatte.

Die Botschaft des Leidens

Der Papst war weit davon entfernt, zu meinen, dass nun ein Paradies auf Erden entstehen würde. Er wusste um die Brüchigkeit des menschlichen Daseins, zumal er das in seiner eigenen Existenz zu spüren bekam. Hat er auch das At-

Kardinal Meisner und Papst Johannes Paul II. im Jahr 2000 in Rom mit Kölner Pilgern. Foto: Prälat Erich Läufer

tentat überwinden können, so blieben doch die Folgen in seiner körperlichen Verfassung spürbar, und es stellte sich mit zunehmendem Alter die Parkinsonerkrankung mit allen Konsequenzen ein. Das zwang den Papst nicht, seine äußerst extensive Wirksamkeit einzuschränken. Ganz im Gegenteil, die Krankheit brachte ihm eine tiefere Intensität seiner Verbundenheit mit Christus. Darum versteckte er auch seine Krankheit nicht, sondern tat als einer von Krankheit und Leid Gezeichneter seinen Dienst ungebrochen weiter in der Welt und für die Welt. Damit wurde er zu einem Tatzeugen des hohen Wertes von Krankheit und Leid der Menschen für die Welt.

Bei seinen Reisen und in seiner römischen Tätigkeit bekamen die Kranken und Leidenden immer einen besonderen Ehrenplatz. Ihnen fühlte er sich besonders verbunden, und ihnen wollte er helfen, ihre Krankheit und ihr Leiden anzunehmen, weil sie dem leidenden Christus ähnlich sind und damit fruchtbar werden für die Welt mit ihren Menschen. Das Bild bei den großen päpstlichen Gottesdiensten zeigte uns in den letzten Jahren einen Papst, der sich an seinem Kreuzesstab so fest halten musste, dass er fast mit seiner Person zu einer Figur verwachsen war. Das war mehr als eine Zufälligkeit, das war seine Existenz: eins zu sein mit dem gekreuzigten Christus. Er wusste, dass das Kreuz das plusgewordene Minus der Welt war durch den Einsatz Gottes. Darum ist er der große Plusmensch geworden, der die Welt zum Positiven verändern durfte. Vielleicht war die Botschaft vom Kreuz eines seiner größten Vermächtnisse an die Welt, so dass er gleichsam in den Armen der Kirche in aller Öffentlichkeit gelitten hat und so auch gestorben ist. Das wird ihm wohl die Menschheit nie mehr vergessen können.

Geburtstag in Fátima

Zur ersten Fátimafeier nach dem Sturz des Kommunismus am 13. Mai 1990 entsandte mich der Heilige Vater, um der großen Eucharistiefeier vorzustehen. Er meinte, ich sei der Kardinal im freien Westen mit den intensivsten und längsten Kommunismuserfahrungen. Für mich war es die erste Fátimareise, und ich hatte mich darauf vorbereitet, weil mir Fátima vorher ziemlich fremd gewesen war. Dieser Gottesdienst mit über einer Million Pilgern auf dem Wallfahrtsplatz in Fátima wird mir unvergesslich bleiben. Ich durfte dort im Auftrag des Papstes den Portugiesen dafür danken, dass sie die Botschaft von Fátima und damit die Zuversicht für Osteuropa angenommen hatten, noch bevor die Sonne des Glaubens in Russland und Osteuropa untergegangen war. Ich werde heute noch von Portugiesen darauf angesprochen, dass ich ihnen damals gesagt habe: »Selig bist du, Portugal, weil du geglaubt hast zugunsten der anderen!« Dieses kleine Volk am äußersten Rand im Westen Europas hat damit eine weltgeschichtliche Mission erfüllt. Als dann der Heilige Vater im Jahre 1991, am 13. Mai des 10. Jahrestages seines Attentats, nach Fátima gekommen ist, um zu danken, da war das ein Ereignis für die ganze Weltkirche. Das Schicksal der Welt und damit unser aller Schicksal wäre anders – und zwar zum Negativen hin – verlaufen, wenn Maria – und davon sind wir überzeugt – nicht die Kugel so gelenkt hätte, dass der Heilige Vater gerettet worden ist. Als er uns Kardinäle in der Erscheinungsgrotte begrüßte, sagte ich ihm: »Heiliger Vater, herzlichen Glückwunsch zum Geburtstag!« Der Heilige Vater ging darauf ein wenig unverständlich blickend zum Nächsten, kam aber dann zurück und sagte: »Herr Kardinal, Sie haben recht, ich habe heute wieder Geburtstag.

Das erste Leben hat mir Gott gegeben in meiner Heimat in Wadowice. Das zweite Leben hat er mir auf dem Petersplatz in Rom geschenkt.« Ich war erstaunt, wie er als Pole mit unserer deutschen Sprache umgehen konnte: das erste Leben gegeben, das zweite Leben geschenkt! Und das ganze versammelte Volk Gottes dankte Gott für die Errettung des Heiligen Vaters.

Im Jahr 2000, also im heiligen Jubiläumsjahr, sollten dann die beiden verstorbenen Seherkinder seliggesprochen werden. Die Mitarbeiter des Heiligen Vaters an der römischen Kurie hatten beschlossen, dass der Heilige Vater im Jubiläumsjahr keine Auslandsreisen übernehmen sollte, damit Rom wirklich das Zentrum und das Ziel der Pilger aus aller Welt sein könnte. Darum wurde in der Osterwoche 2000 die Seligsprechungsfeier für die beiden Seherkinder Jacinta und Francesco von Fátima vorgesehen. Die Enttäuschung, ja fast das Entsetzen in Fátima war groß: Bei der Seligsprechungsfeier in Rom könnten höchstens zwei- bis dreitausend Portugiesen in die Ewige Stadt kommen, während in Fátima das ganze Volk an dieser Feier teilnehmen könnte. Aber nun war durch die römische Absage alle Hoffnung erstorben. Aber nicht ganz! Der berühmte Motor von Fátima, der ungarische Pater Luis Kondor, der sein ganzes Leben in Fátima verbracht und der Botschaft von Fátima gewidmet hatte, kam damals zu mir und bat mich, ob ich den Heiligen Vater nicht bitten könnte, dass er – trotz der Festlegung der römischen Kurie – für Fátima eine Ausnahme machen könnte. Ich habe ihm daraufhin zugesagt, aber mit der Bemerkung, dass ich auch nicht alles könne, aber er solle kräftig beten.

Danach hatte ich die Gelegenheit, mit dem Heiligen Vater zu sprechen, und ich wies ihn darauf hin, wie sehr man in Fátima auf ihn wartet zur Seligsprechung der beiden

Seherkinder. Weil das Lebensgeheimnis des Papstes das Lebensgeheimnis von Fátima ist, müsse der Heilige Vater wohl die Seligsprechung in Fátima selbst vornehmen. Der Heilige Vater hörte mir schweigend zu. Aber an seinem Blick merkte ich, dass ich Erfolg hatte. Und kurze Zeit später ging die Botschaft durch die Welt: Der Heilige Vater macht im Heiligen Jahr eine einzige Ausnahme: Er wird einmal Rom verlassen, um in Fátima die Seligsprechung der beiden Seherkinder Jacinta und Francesco vorzunehmen. Die Freude in Fátima war unaussprechlich. Beim gemeinsamen Mittagessen nach den Feierlichkeiten sagte der Sekretär des Heiligen Vaters, der jetzige Erzbischof von Krakau, Stanislaw Kardinal Dziwicz, an der mittäglichen Tafel etwas provozierend zu den Mitarbeitern der römischen Kurie: »Cardinale Meisner ha vinto.« Ich verbesserte: »No! La Madonna ha vinto.« – »Nicht Kardinal Meisner hat gesiegt, sondern die Muttergottes hat gesiegt.«

Unvergesslich bleibt die Begegnung des Heiligen Vaters mit den vielen Pilgern am Vorabend der Seligsprechung. Der Papst wurde mit ungeheurem Jubel begrüßt. Als er die Erscheinungskapelle betrat, gab der Bischof von Fátima ein Zeichen, die Gläubigen mögen nun still werden, denn der Heilige Vater wolle vor der Madonna beten. Dann ging der Papst an die Statue und legte etwas nieder. Der Bischof von Fátima erklärte das den wartenden Gläubigen, indem er Folgendes sagte: »Der Heilige Vater bekam am 16. Oktober 1978 im Konklave, als seine Wahl feststand, von Kardinal Wyszyński einen kostbaren Ring und dieser sagte dabei: Heiliger Vater, dir wird Gott die Aufgabe zugedacht haben, die Kirche ins neue Jahrtausend zu führen. Als äußeres Zeichen, dass er dir dabei beisteht, gebe ich dir jetzt meinen kostbaren Ring. Diesen Ring hat der Heilige Vater jetzt zu Füßen der Muttergottes von Fátima niedergelegt, denn er hat diesen Auftrag erfüllt. Er hat die Kirche mit dem Beistand Gottes und der Fürsprache der Muttergottes ins 3. Jahrtausend geführt.« Dann brach ein unbeschreiblicher Beifall aus der Hunderttausende zählenden Menschenmenge auf.

Das Leben des Papstes war durch seine tiefe Verwurzelung in der Menschwerdung Gottes, die für ihn täglich in der Verehrung der Muttergottes sichtbar wurde, zeitgleich und ortsgleich mit dem Leben Jesu geworden, der gesagt hat: »Fürchte dich nicht, du kleine Herde. Denn euer Vater hat beschlossen, euch das Reich zu geben« (Lk 12,32). Ich glaube, Furcht hat der Papst nie gekannt, und zwar nicht so sehr als angeborene Eigenschaft, sondern als von Gott gegebene Gnade. Er war sich seiner Gegenwart bewusst in seinem Leben. Und wer glaubt, braucht nicht zu zittern.

Der Papst und die jungen Leute

Hier darf aber nicht die besondere Beziehung, die der Heilige Vater zu der Jugend hatte, vergessen werden. Sie wurde durch Alter und Krankheit nicht gemindert, sondern geradezu noch gesteigert. Am meisten war wohl der Papst er selbst, wenn er mit Jugendlichen zusammenkam. Dann konnte man am ehesten erkennen, wie er selbst als junger Christ unter schwierigsten Umständen in der Nazi- und der Kommunistenzeit mit anderen jungen Christen zusammen war und wie er sich dann als junger Priester um Jugendliche gesorgt hat, bis in sein bischöfliches Amt hinein. Er hatte immer ein Herz für die Jugend. Daraus sind die Weltjugendtage von ihm initiiert worden. Der Papst wusste einerseits, dass junge Menschen noch viel näher an der Schöpferhand Gottes sind als wir älteren, d. h. junge Menschen haben einen kürzeren Draht zu Gott als die ältere Generation.

Deshalb ist ihr Drang nach Sinnsuche auch viel intensiver als bei älteren Menschen. Wenn sie niemand haben, der sie zu Gott führt, dann kann die Tragik im Leben eines jungen Menschen sehr groß werden. Der Papst war überzeugt davon, dass, wer jungen Menschen weniger als Gott gibt, ihnen immer zu wenig gibt. Weil heute Eltern, Familie, Verwandtschaft, Nachbarschaft, Schule und Öffentlichkeit weithin den suchenden Jugendlichen kaum noch Gott geben, war er der Überzeugung, dass er für diese Jugendlichen weltweit etwas tun müsse. Denn die Jugendlichen waren oft wie metaphysische Asylanten, die nicht mehr wussten, wo sie hingehören. Er wollte ihnen Gott zeigen und ihnen damit ein festes Fundament für ihr Leben mitgeben. Bei den Weltjugendtagen hörte der Papst eigentlich mehr den jungen Leuten zu, als dass er zu ihnen sprach. Und er hat das auch immer wieder zum Ausdruck gebracht: Er möchte auf die Sehnsüchte und Erwartungen der jungen Menschen hören, um ihnen wirksam Orientierung und Hilfe schenken zu können. Das haben die Jugendlichen gespürt. Sie wussten, dass der Papst nichts für sich selbst wollte, sondern dass seine größte Sorge war, den Jugendlichen zu einem großen und glücklichen Leben zu verhelfen.

Nach dem Weltjugendtag 2000 in Rom schrieb ein junger Franzose, dass er vom Weltjugendtag in Rom als ein anderer Mensch zurückgekehrt ist. Er ist skeptisch und frustriert nach Rom gekommen und hat dort den Wert seines Lebens in einer Weise erfahren, dass er zum ersten Mal Gott dafür gedankt hat, dass er ihn ins Dasein gerufen hat. Er hat nämlich zum ersten Mal erlebt, dass ein anderer um ihn geweint hat. Das war etwas ganz Neues in seinem Dasein. Er hatte noch nie erlebt, dass er anderen Menschen so wichtig und wertvoll ist, dass sie um ihn Tränen vergießen. Bei einer Katechese erzählte der Papst, dass er selbst eine sehr schwere Jugendzeit gehabt habe. Seine Jugend war überschattet durch die Okkupation der Nazis und dann später der Kommunisten. Aber – so sagte er – die Welt, in die er die Jugendlichen dann wieder zurückschicken muss, ist noch schwieriger als seine Welt damals. Das erfüllte ihn mit so viel Mitleid, dass ihm die Tränen kamen. Und dieser junge Franzose war tief ergriffen, indem er sich sagte: Was muss ich für einen großen Wert haben, dass der große Papst um mich, um uns, Tränen vergießt?

Dabei redete der Papst den Jugendlichen nicht nach dem Mund, sondern er redete Gott nach dem Mund um der Jugendlichen willen, und das spürten sie. Auch wenn er ihnen Dinge sagen musste, die für sie schmerzlich waren, hörten sie dem Papst zu und bemühten sich, seinen Wegweisungen zu folgen.

Das Friedenszeichen

Am Ende des Weltjugendtages in Paris im Jahre 1997 rief mich der Heilige Vater an die Seite und sagte mir: »Können wir den nächsten Weltjugendtag 1999 in Köln feiern? Ich möchte zum ersten Mal mit einem Weltjugendtag in den deutschsprachigen Raum, und dabei wäre mir Köln sehr lieb, zumal wir uns schon lange kennen und ich weiß, dass Sie hinter meinen Intentionen stehen?« Ich selbst war sehr überrascht und sagte: »Heiliger Vater, ich kann mir jetzt noch gar nicht denken, wie das bei uns gehen sollte. Aber wenn Sie das wollen, sage ich jetzt schon ›Ja‹, und wir werden dann auch schon einen Weg finden.« Darauf drückte mir der Heilige Vater froh die Hand. Aber ich fragte nochmals: »Warum wollen Sie denn jetzt mit dem Weltjugendtag nach Deutschland kommen?« Er gab mir die erschütternde Antwort: »Von dem sympathischen deutschen Volk gingen in diesem Jahrhundert zwei große Weltkatastrophen aus. Ich möchte, dass am Ende dieses Jahrhunderts von Deutschland eine Positivbewegung nach Europa und in die Welt hinausgeht. Darum möchte ich den Weltjugendtag 1999, den letzten im 20. Jahrhundert, in Köln feiern.« Diese Begründung hat mich tief ergriffen. Im Nazideutschland hat man sich zum »Herrenvolk« hochstilisiert und alle anderen Völker, namentlich das polnische Volk, zu »Untermenschen« erklärt. Und nun kommt ein Vertreter der sogenannten »Untermenschen« zu einem Mitglied der damaligen »Herrenmenschen« und sagt: »Ich möchte, dass am Ende dieses Jahrhunderts vom deutschen Volk eine Positivbewegung nach Europa und in die ganze Welt ausgeht.« Das nennt man – schlicht gesagt – »Feindesliebe«. Ich bin von Paris nach Hause gefahren mit dem festen Vorsatz, alles dafür zu tun, dass der Heilige Vater mit seiner Intention in Köln zum Zuge kommt.

Bei allen kommenden Begegnungen fragte mich der Heilige Vater immer nach dem Stand der Vorbereitungen zum Weltjugendtag. Dabei erzählte ich ihm einmal von den dramatischen Umständen meiner Ernennung zum Bischof im März 1975 durch Papst Paul VI. Durch die damaligen Umstände erschwert, ist die Nachricht von der beabsichtigten Bischofsernennung so spät an mich eines Abends überbracht worden, dass mir nur noch die Nacht blieb, zu überlegen, ob ich die Ernennung annehmen könnte oder nicht. Es war mir nur ein Gespräch darüber mit meinem Beichtvater zugestanden. Da ich gerade einen Exerzitienkurs zu halten hatte, konnte ich den Beichtvater telefonisch nicht erreichen, so dass ich nun mit meiner Entscheidung allein stand. Ich nahm daraufhin das Neue Testament zur Hand und bat den Heiligen Geist, er solle mir nun selbst einen

Hinweis geben, weil mir der geistliche Berater fehlte. Ich schlug die Bibel blind auf und traf auf die Stelle des Johannesevangeliums, Kapitel 6, von der wunderbaren Brotvermehrung. Ich erkannte mich in der rührenden Randgestalt des kleinen Jungen wieder, der als Einziger 5 kleine Brote und 2 Fische in der Tasche trug, während die anderen 5000 Erwachsenen mit leeren Taschen dem Herrn gefolgt waren. Der Herr ruft ihn vom Rand in die Mitte. Der Junge gibt nun alles, was er hat, weg, so dass er genau solch ein Hungerleider wird wie alle anderen auch. Aber er gibt die Brote und Fische an die wichtigste Stelle der Welt, nämlich in die Hände des Herrn. Und dort wird aus dem Mangel die Fülle. Alle 5000 werden satt, und der Überfluss wird noch in 12 großen Körben eingesammelt. Die Körbe stellen nun den nie abzubauenden Überfluss Gottes in der Kirche dar.

Der Papst sagte darauf sofort: »Verstehst du jetzt, warum ich die Jugend brauche? Wie damals die Erwachsenen vom Vorrat des Jugendlichen gelebt haben, so brauche ich den Glauben der jungen Menschen, um ihre Eltern und Verwandten und die vielen Erwachsenen vor dem Unglauben zu bewahren. Ich brauche die Jugendlichen zur Evangelisierung Europas und der Welt. Darum ist mir der Weltjugendtag so wichtig!« Nun musste ich noch sehr lange auf den Weltjugendtag selbst warten. Für 1999 – wie er geplant war – wurde er abgesagt, weil man nun eine Pause von drei Jahren einlegen wollte, damit zum Jubiläumsjahr 2000 der Weltjugendtag in Rom stattfinden könne. Darauf rüstete ich mich auf das Jahr 2002. Aber wiederum vergeblich. Der Heilige Vater entschied, nachdem wir nun zweimal in Europa waren (Paris und Rom), müsse jetzt wieder ein anderer Erdteil ausgewählt werden, weil es ja um einen Weltjugendtag geht und nicht um ein europäisches Jugendtreffen. Und so kam Toronto in Kanada an die Reihe. Also sollte der nächste 2004 in Köln sein. Da wir aber zwischen Paris und Rom drei Jahre Pause eingelegt hatten, sind wir aus den ungeraden Jahreszahlen in die geraden gerutscht, in denen dann die Olympiade stattfindet. So wäre 2004 Köln in Konkurrenz zur Olympiade von Athen getreten. Damit würden wir den Jugendlichen keinen Dienst tun, sie sollten sich auch ganz für den Sport einsetzen. Deswegen haben wir noch ein Jahr gewartet, bis dann 2005 der Weltjugendtag in Köln Wirklichkeit werden konnte.

Ich musste also 8 lange Jahre auf dieses Ereignis warten. Das ging an meinem Nervenkostüm nicht ganz spurlos vorüber. Dann bestand gerade in der letzten Zeit die Sorge um die Gesundheit des Heiligen Vaters: Wird er noch dabei sein oder nicht? Der Heilige Vater ließ mich vier Wochen vor seinem Tod in die Gemelli-Klinik kommen. Dort erlebte ich ihn als schwerkranken Patienten, und er fragte mich, ob wir denn noch in Köln zum Weltjugendtag auf ihn warten? Ich sagte darauf: »Heiliger Vater, mit ungebrochener Zuversicht erwarten wir Sie bei uns. Und Sie brauchen auch kein Wort zu sprechen. Ihre Präsenz spricht lauter als Ihre Worte.« Als ich mich von ihm verabschiedete, fasste ich ihn an beiden Händen und sagte: »Heiliger Vater, ich lasse Sie jetzt erst los, wenn Sie mir versprechen, dass Sie kommen!« Er lächelte ein wenig und sagte: »Ich komme! Aber das ›Wie‹ meines Kommens bestimmt Gott im Himmel.« Und er bestimmte es anders, als wir uns das gedacht haben.

Vor seinem Totenbett kam ich mir wie am Boden zerstört vor. Wie soll das nun weitergehen? »Heiliger Vater«, habe ich ihm gesagt, »wir haben 8 Jahre darauf gewartet und geplant. Ich habe Sie immer informiert. Und jetzt?« Ich kann noch genau Tag und Stunde angeben, wie er mir von der Bahre aus deutlich zu verstehen gab: Ich werde dabei sein von oben her und werde euch mit dem kommenden Papst von unten her einen Weltjugendtag bereiten, an den ihr noch lange denken werdet! – Und das ist in der Tat so geschehen. Die Heimgerufenen gehen nicht von uns weg, sondern sie gehen uns nur voran. Ihr Sterben bedeutet den Übergang von der einen Hand Gottes in die andere Hand Gottes. Über Gottes Herz bleiben wir in lebendiger Kommunikation mit ihnen. Darum konnte Johannes Paul II. so sehr beim Weltjugendtag präsent sein. Sein gläubiges Leiden und Sterben war die intensivste Vorbereitung der Jugend der Welt auf die gesegneten Kölner Tage.

Danke, Heiliger Vater, für alles, was du mir in den dreißig Jahren unserer Weggefährtenschaft geschenkt hast. Sie ist noch nicht am Ende. Mein Weg geht weiter. Ich bin sicher, du bleibst dabei, aber nun vielleicht noch wirksamer!

Erzbischof von Köln

Nachgefragt

Erzbischof Joachim Kardinal Meisner im Gespräch mit Prälat Erich Läufer über »Papst Johannes Paul II. – Er war mein Freund« am 8. November 2006 in Bensberg

Den Papst zum Freund haben

PRÄLAT LÄUFER: Herr Kardinal, Sie haben einen Text verfasst, der diejenigen, die ihn gelesen haben, beeindruckt hat: Er war mein Freund«. Dieses »Er war mein Freund«

Kardinal Meisner stellt dem Papst seinen Mitarbeiter Prälat Erich Läufer, Chefredakteur der Kölner Kirchenzeitung, vor im Heiligen Jahr 2000 im Vatikan. Foto: Fotografia Felici, Rom

wird sicher von manchen neugierig hinterfragt: »Wie zeigt sich das? Wie äußert sich das? Wie erlebt man das?«

Ich möchte dieser Aussage »Er war mein Freund« näher kommen und in einem Sprichwort unterbringen. Man sagt: Um einen Menschen kennenzulernen, muss man mit ihm auf Reisen gehen. Sie sind oft mit dem Heiligen Vater auf Reisen gewesen. Gelegentlich hatte ich das Glück, dass ich dabei war und mitbekommen habe, wie sich solche Begegnungen abspielen und wie Sie in der Nähe des Heiligen Vaters aufgetreten sind. Ich denke an das große Weltjugendtreffen in Manila, an den Besuch des Papstes in der Ukraine und an ein Erlebnis in Lviv und an die Besuche des Heiligen Vaters in Fátima. Ich werde darauf zurückkommen. Aber zuerst die Nachfrage: Der Papst, Ihr Freund?

Kardinal Meisner: Der Heilige Vater war für mich ein väterlicher Freund. Er war 13 Jahre älter als ich. Ich habe meinen Vater schon im Krieg verloren. Als ich Karol Wojtyła das erste Mal begegnete, war das wahrscheinlich beiderseitig so etwas wie eine gleiche Wellenlänge menschlicher Art, eine gleiche theologische Wellenlänge und auch von unserer Lebensgeschichte her. Er machte auf mich einen ungemein vertrauensvollen Eindruck. Er hat zu mir »du« gesagt, während ich zu ihm nie »du« gesagt habe. Aber in seiner Gegenwart konnte man eigentlich so empfinden: Das muss so sein, wenn man als Mann noch seinen eigenen Vater hat. Papst Johannes Paul II. gab mir immer wieder Signale. Ich erinnere mich: Als wir in Gnesen bei dem großen Adelbert-Jubiläum waren, es war ein überwältigender Gottesdienst, stand ich mit sieben Staatspräsidenten und vielen Bischöfen zusammen. Da zog er ein, sah mich plötzlich und rief laut: »Joachim, es ist gut, dass du da bist!« Solche kleinen Gesten haben mir immer das Ge-

Kardinal Joachim Meisner zusammen mit dem Papst bei einem der letzten Besuche im Vatikan in der Privatbibliothek des Papstes im Apostolischen Palast. Foto: Archiv Meisner

fühl gegeben, das ist ein Papst, der der Vater der Christenheit ist. Er war für mich, auch als Kardinal, mein oberster Dienstherr, aber er war mehr für mich, er war der väterliche Freund. Ihn »Bruder« zu nennen, würde ich mich so nicht trauen und »Freund« an sich auch nicht. Aber wenn ich »väterlich« vorschiebe, dann stimmt es. Bei ihm konnte man eigentlich immer geborgen sein. Ich erinnere mich, wir saßen uns beim letzten Ad-Limina-Besuch gegenüber. Er lehnte sich zurück und sagte: »Jetzt sag einfach mal, was dich am meisten bedrückt!« Es fiel mir gar nicht schwer, und ich antwortete: »Heiliger Vater, dass ich so vielen Gemeinden gar keinen Priester schicken kann und trotz meiner vielen Mühe, ich habe auf keinem Gebiet so viel Kraft und Phantasie investiert wie in der Frage des Priesternachwuchses, und der Erfolg steht in gar keiner Beziehung zu meinem Einsatz.« Da sagte er: »Du, das kann ich dir sehr gut nachfühlen. Ich habe in Krakau auch alles versucht, und wir waren trotzdem bei den Neupriesterzahlen immer die Letzten. Das heißt, die anderen, die Nachbardiözesen, selbst das Suffraganbistum Tarnow, die hatten jedes Jahr 70 und wir hatten gerade so 50 Neupriester.«

Er bekräftigte dann noch mal: »Ich kann dir das gut nachfühlen. Ich war auch immer einer der Letzten.« Der Papst sagte das nicht als »Vollkommenheitsgigant«, der alles besser kann und alles besser weiß, sondern als Mitgefährte in der Schwäche, in der Erfolglosigkeit. Das hat mir sehr gut getan und mich unwahrscheinlich gestärkt.

Der Freund und Lehrer der Jugend

LÄUFER: Ich will das aufgreifen. Jeder Bischof muss einen besonderen Zugang zu dem haben, was die Kirche von morgen ausmacht. Vielleicht erinnern Sie sich: Als wir in Manila waren, bei diesem unvorstellbaren Weltjugendtag mit 4 Millionen Menschen, ist eine Szene in besonderer Erinnerung geblieben. Es war der Samstagabend, ein Wortgottesdienst, bei dem eineinhalb Millionen Leute auf dem Platz waren. Dieser Gottesdienst war gegen 19.30 Uhr zu Ende. Die Bischöfe und Kardinäle gingen ins Hotel. Beim Abendessen um 21.00 Uhr hörte man immer noch vom großen Platz und vom Altar her Singen und Rufen. Ich bin nochmals hinausgegangen, obwohl alle müde von der An-

Papst Johannes Paul II. und Jaime Lachica Kardinal Sin, Erzbischof der Erzdiözese Manila, auf dem Weltjugendtag in Manila 1995. Der Weltjugendtag in Manila war nicht nur der größte Weltjugendtag mit 4 Millionen Teilnehmern, sondern auch die größte belegte Menschenversammlung aller Zeiten. Foto: Prälat Erich Läufer

strengung waren, denn beim Gottesdienst mussten selbst die Kardinäle auf kleinen Stühlchen sitzen, ohne Lehne, kaum größer als Fußbänkchen. Der Heilige Vater war immer noch dort draußen. Er war noch gar nicht weggegangen. Er stand im Scheinwerferlicht vor dem Altar und dirigierte mit seinem Stock die Chöre und Gesänge der jungen Leute. Und dann hat er – viele haben das kritisiert, so war es jedenfalls später zu lesen – den jungen Leuten zugerufen: »Ihr könnt mich ruhig Karol nennen!« Wie ist das? Hatte der Papst ein besonderes Verhältnis zur Jugend?

KARDINAL MEISNER: Also, er war von seinem ganzen Zuschnitt her ein akademischer *Lehrer* gewesen. Es war seine Faszination, die er auch darin ausübte, dass er jungen Menschen die tiefsten Mysterien des Christentums deutlich machen konnte, und zwar so, dass sie tief betroffen waren und daraufhin ihr ganzes Leben umgestellt haben.

Ich habe den akademischen Lehrer noch einmal erlebt, als unser Generalvikar seine Doktorarbeit über die »Ehelehre bei Johannes Paul II.« fertig hatte. Als das Buch gedruckt war, sagte ich ihm, dass er mit mir nach Rom fahren könne, denn er war damals noch Sekretär bei mir. »Wenn die Audienz zu Ende ist, werde ich den Papst bitten, dass Sie noch hereinkommen und ihm das Buch überreichen können.« Das ist auch geschehen. Der Papst hatte gleich gesagt: »Setzt euch doch hin!« Er sah sich das Inhaltsverzeichnis an und dann ging es los: »Haben Sie *das* gelesen? Haben Sie *das* gelesen? Haben Sie das miteinander verglichen? Was schließen Sie daraus?« Der Sekretär des Papstes sagte ein paarmal: »Wir müssen gehen!« Der Heilige Vater hatte darauf immer gesagt: »Nicht jetzt!« Daran merkte man, jetzt ist der Papst wieder das, was er ist: ein Lehrer junger Menschen. Ich glaube, dieses Charisma hat er mitgebracht, und aufgrund dieses Charismas hat er auch die Weltjugendtage initiiert.

Der Papst wusste, dass in der modernen Gesellschaft die Jugendlichen die metaphysisch Obdachlosen sind. Ich meine, sie haben keinen festen Grund unter den Füßen und kein Dach über dem Kopf. Sie sind suchend, und sie fallen dauernd Rattenfängern in die Hände. Das hat der Papst selbst erlebt: die Naziherrschaft und den Kommunismus. Dann hat er gesagt: »Und sie haben die große Alternative!« Darum sind die jungen Menschen wirklich seine große Leidenschaft gewesen. Ich füge hinzu: Der Papst führte wirklich das Leben Jesu. Er war Jünger im Umkreis Jesu. Sein Leben hat er als eine Rekapitulation des Lebens Jesu mit seinen Jüngern gelebt. In den größten Feierlichkeiten, wenn ein bisschen Ruhe war, versank er sofort in dieses Denken. Deswegen konnte er ganz jesuskonform sprechen und fühlen. Dazu gehört, dass der junge Mensch im Neuen Testament eine neue Bewertung bekommt. Im Alten Testament gelten Kinder und Jugendliche nichts. Da wird immer vom Rat der Alten gesprochen, die vor den Toren sitzen. Die Gerichte bestehen aus den Alten. Die Weisen sind natürlich identisch mit den Alten.

Und jetzt kommt Christus und die unwahrscheinlichste Heilstat, in die ein Mensch hineingezogen wird, in Maria, einem 16-jährigen Mädchen. Als die künftigen Ältesten, die Apostel, um die ersten Plätze streiten, nimmt er ein Kind und sagt: »Wenn ihr nicht umkehrt und wie die Kinder werdet, könnt ihr nicht in das Himmelreich kommen« (Mt 18,3). Das heißt, der junge Mensch und das Kind haben im Neuen Testament eine viel positivere Bedeutung und eine viel größere Heilsbedeutung bekommen. Und das hat der Papst erkannt! Und zwar nicht aus Psychologie oder Umfragen heraus, sondern aus dem Evangelium.

Das hat er erspürt, weil er so mit Jesus lebte. Das war für ihn nicht etwas früher Geschehenes, sondern das war für ihn »hic et nunc« – »hier und jetzt«. Das ist auch etwas, was der polnischen Mentalität nahe kommt. Es gibt von dem schlesischen Schriftsteller Wittig ein Buch, das heißt: »Das Leben Jesu in Jerusalem, in Schlesien und anderswo«. Da wird einfach auf die schlesischen Wallfahrtsorte verwiesen: Besonders Albendorf mit seinen Kreuzwegstationen, dort wird Jerusalem dargestellt. Ein solcher Mensch brauchte nicht ins Heilige Land zu reisen, er konnte alles zu Hause erleben, d. h., sein Leben war deckungsgleich mit dem Leben Jesu. Daraus kommen diese unwahrscheinlichen Initiativen des Papstes. Auf den Vorwurf: »Da gibt es keine religionspädagogischen oder psychologischen Untersuchungen, wieso sein großes Herz der Jugend so nahe stand!«, sage ich: Das war einfach sein Charisma! Und zwar aus der Erkenntnis, dass der junge Mensch und das Kind im Leben Jesu eine so große Rolle spielen.

LÄUFER: Hätten Sie sich damals in Manila träumen lassen, dass Sie einmal in Köln den Weltjugendtag haben würden?

KARDINAL MEISNER: Damals nicht! Aber dann, glaube ich, schon, der nächste nach Manila war ja Paris. Und da hat der Papst gesagt: »Wir wollen 1999 zu euch kommen!« Und dann hat es bis 2005 gedauert, d. h. 8 Jahre, da konnte ich mich lange genug darauf einstellen.

LÄUFER: Was würden Sie heute sagen, nachdem unser Kölner Weltjugendtag vorbei ist: »Hätte der Papst daran Spaß gehabt?«

KARDINAL MEISNER: Er hätte nicht nur, sondern er *hat* daran Spaß gehabt, wenn man das so sagen darf: Spaß gehabt. Ich sage immer, dass dieser Weltjugendtag der erste war – von außen gesehen – ohne Papst Wojtyła. Aber es war der erste mit zwei Päpsten, und zwar einer von oben und der andere von unten, und die Kooperation der beiden war perfekt. Drei Wochen vor dem Tod, ich glaube, es war am vorletzten Tag, an dem er noch im Krankenhaus war, wir hatten Plenaria bei der Gottesdienstkongregation in Rom: Plötzlich kommt ein Prälat und sagt: »Unten im Damasushof steht ein Wagen und dazu Polizeibegleitung. Der Papst

Die aufsehenerregende Pastoralreise des Papstes in die Ukraine. Johannes Paul II. in Lviv. Er fühlt sich sichtlich wohl und grüßt in die Menge. Foto: Prälat Erich Läufer

will Sie im Gemelli-Krankenhaus sprechen.« Da dachte ich: »Was ist denn jetzt los?« Ich habe den Papst zum ersten Mal im Bett liegen sehen, wirklich leidend. Er hatte schon den Luftröhrenschnitt und konnte sehr schlecht sprechen. Er schaute mich an, nickte mir zu und sagte: »Wartet ihr noch auf mich in Köln?« – Ich werde das nie vergessen! Es hatte mich so getroffen, dass ich sagte: »Heiliger Vater, warum fragen Sie denn? Haben Sie Zweifel? Wir warten, und zwar mit aller Intensität, die in uns ist! Wir bitten und beten darum, dass Sie kommen. Sie brauchen kein Wort zu sagen. Ihre Präsenz spricht lauter als Ihre Worte.« Dann habe ich mich etwas über das Bett geneigt und habe ihn an den Armen festgehalten und merkte, wie dünn diese geworden waren. Ich sagte: »Heiliger Vater, ich lasse Sie jetzt nicht los, bis Sie mir versprechen: Ich komme!« Dann hat er doch ein bisschen lächeln müssen und sagte: »Ich komme, aber wie, das bestimmt Er!« Daraufhin bin ich eigentlich ganz getröstet nach Hause gekommen, mit dem Gedanken: Er kommt, wie auch immer.

Ich hatte mir an Weihnachten 2004 vorgenommen, dass ich am Weißen Sonntag nach dem Gottesdienst nach Rom fliegen werde und am Montag darauf das »Antlitz Jesu« in Manoppello betrachten möchte. Wir hatten auch schon die Flugtickets gekauft. Dann bin ich am Weißen Sonntag mittags nach Rom geflogen und ich bin nicht nur einen Tag, sondern drei Wochen geblieben. Der Papst war in der Nacht zuvor gestorben und war noch oben in der Capella Clementina aufgebahrt. Es hat mich vor Trauer und Schmerz geschüttelt; ich kam mir so verloren und verlassen vor. Ich schaute auf die Bahre und da hatte ich das Gefühl, als ob er mir zuzwinkerte: »Du weißt doch Bescheid, ich bin dabei, aber so, wie Er es bestimmt hat.«

Der Menschenfischer

LÄUFER: Wir haben eben zurückgeschaut auf den Besuch, den Sie mit dem Papst in Manila gemacht haben, und haben uns an sein Charisma für die Jugend erinnert. Ich möchte an eine andere Szene beim Besuch in der Ukraine erinnern. Papst Johannes Paul II. war zuerst in Kiew und ging dann nach Lviv. Dort fühlte er sich ein bisschen mehr zu Hause durch die vielen Polen aus dem ehemaligen polnischen Gebiet. Nachmittags war ein Gottesdienst auf freiem Feld am Rand der Stadt, ausgewiesen als Jugendgottesdienst, aber es kamen 800 000 Leute. Wenn man hierzulande diese Zahlen hört, dann denkt man vielleicht daran, was in München oder Regensburg beim Papstbesuch Benedikts XVI. los war.

Die Leute in Lviv mussten unter ganz anderen Bedingungen anreisen. Dort war ein kleines Podium mit einem kleinen Dach aufgebaut, das nur für den Papst und einige ausgewählte Bischöfe, Begleiter und Kardinäle reichte, alle anderen standen im Freien und davor diese 800 000 Menschen. Unmittelbar vor ihnen und vor dem Papst hatte ein Sinfonieorchester in schwarzen Anzügen Platz genommen, die Damen in langen Abendkleidern, und davor eine Gruppe von Kindern. Dann ging ein Wolkenbruch los. Es gab kein Weggehen, kein Entkommen, alle mussten stehen bleiben und wurden bis auf die Haut nass, bis auf ein paar

Johannes Paul II. in Lviv, Ukraine, kurz bevor er das polnische Abendlied für die wartende Menschenmenge zu singen beginnt. Foto: Prälat Erich Läufer

Bischöfe, die das Glück hatten, unter dem Dach zu sein. Ich habe mich damals in einen Bauwagen verkrochen.

Nachdem der Gottesdienst zu Ende war, wurde das Papamobil herangefahren, die Sicherheitsleute kamen und wollten den Heiligen Vater die Stufen hinuntergeleiten. Aber er schubste sie weg und ging noch einmal ans Mikrophon und sagte den vielen Menschen, wie leid ihm das tue, dass sie alle so nass geworden seien und dass er aber ihnen leider nicht helfen konnte.

Plötzlich sagte er: »Ich kann für euch aber ein Abendlied singen!« Da gab es Riesenbeifall, danach wurde es mucksmäuschenstill. Dann sang der Papst, dieser alte Mann, ohne irgendeine musikalische Begleitung ein polnisches Abendlied ins Mikrophon. Es muss vom Text her wohl so etwas wie unser Lied »Guten Abend, gute Nacht« gewesen sein. Bis heute werde ich das nie vergessen. Rundherum heulten die Leute Rotz und Wasser. Und er hat dann später noch gesagt: »Ich kann auch noch die zweite Strophe.« Meine Frage: Hatte der Papst neben dem Verhältnis zur Jugend einen Draht zu den einfachen, kleinen Leuten?

Kardinal Meisner: Also erst mal, wenn Sie auf diese Episode anspielen: Dem Papst ging es während dieses Gottesdienstes so schlecht, dass er in die kleine Sakristei geführt werden musste, und dort hat er erst eine Spritze bekommen. Er kam wieder zu sich und kam zurück. Der Papst war – was ich immer wieder sage – so in das Leben Jesu hineingenommen, dass manchmal junge Menschen sagten: »Der erinnert uns eigentlich an Jesus. So stelle ich mir Jesus vor, wenn er heute leben würde.« Mir ging es übrigens ebenso. Und insofern sagt man zu Recht: Er stand immer an der richtigen Stelle. Er brauchte eigentlich keinen Zeremoniar. Er wusste es. Er hat eigentlich immer das Richtige gesagt, das, was gerade dran war. Das brauchte ihm niemand zu sagen. Johannes Paul II. kam ja aus kleinsten Verhältnissen. Man behält ja bekanntlich die Erde des Ackers an seinen Schuhen, von dem man kommt. Ich habe immer gedacht: Mir geht es ähnlich. Die Leute denken dauernd, man lebe im Bewusstsein: Du bist Kardinal. Also, was hast du für eine Würde. Da denke ich am allerwenigsten daran. Ich habe meinen Dienst zu tun und versuche, ihn so gut wie möglich zu tun. Und dass ich da noch nebenbei ein Kardinal bin oder ein Erzbischof, das ist mir so in Fleisch und Blut übergegangen, das braucht man gar nicht zu reflektieren. Der Papst wusste, dass er der Papst ist und dass er immer der Papst bleibe. Gott hatte ihm ja die Gabe geschenkt, dass er für alles das »richtige Händchen« hatte. Er hat sich kaum vertan, ich kann mich nicht daran erinnern.

Johannes Paul II. und die Madonna von Fátima

LÄUFER: Manche sagen, der Papst habe die Schauspielerei beherrscht und genutzt. Manche Gesten, die der Papst gebrauchte, waren eindrucksvoll. Sie waren oft in Fátima – einmal, als er in Fátima nach dem Attentat die Kugel in die Krone der Muttergottes fügen ließ und zum anderen bei der Seligsprechung der zwei Seherkinder, als er einen Ring in der Gnadenkapelle niederlegte. Was haben diese Gesten für Sie als Bischof und Kardinal bedeutet?

KARDINAL MEISNER: Ich muss jetzt sagen: 1991, zehn Jahre nach seinem Attentat, ist der Papst mit der Kurie nach Fátima gekommen. Es waren nur vier Kardinäle dabei. Ich habe mich noch gewundert, dass es so wenige sind. Da begrüßte er uns, und ich sagte: »Heiliger Vater, herzlichen Glückwunsch zum Geburtstag.« Und dann guckte er mich erstaunt an und ging weiter. Nach ein paar Schritten blieb er stehen, kam zurück und sagte: »Du hast recht. Das erste Leben wurde mir gegeben, das zweite wurde mir vor 10 Jahren geschenkt.« Großartig, wie er mit der deutschen Sprache umgehen konnte: das erste Leben gegeben, das zweite geschenkt – geben – schenken.

Ich muss gestehen: Anfangs konnte ich mit Fátima nicht groß etwas anfangen. Der Papst hatte mich zum 13. Mai 1989 dorthin geschickt, da war ich erst ein paar Monate in Köln. Das war der erste Fátimatag nach dem Untergang des Kommunismus. Er sagte zu mir: »Vertritt du mich dort, du kennst das aus den eigenen Erfahrungen und Erleben!« Daraufhin habe ich mich erst einmal in die Fátima-Botschaft hineingekniet. Die guten Portugiesen danken mir das heute noch, was ich ihnen damals gesagt habe. Mir ist damals nämlich deutlich geworden, dass Fátima und das Schicksal des Papstes zusammengehören. Insofern hat mich das sehr bewegt, als ich hörte, dass er, wenn die Kugel beim Attentat nur einen Millimeter weiter links oder rechts getroffen hätte, tot gewesen wäre. Später, im Jahr 2000, bei der Seligsprechung der Seherkinder Jacinta und Francesco, war ein großer Jubel am Vorabend. Der Bischof von Fátima bat die Leute still zu sein, da der Papst jetzt seinen Ring zu Füßen der Gottesmutter niederlegen wolle. Es war der Ring, den ihm Kardinal Wyszyński unmittelbar nach seiner Wahl im Konklave mit den Worten geschenkt hatte: »Heiliger Vater, du wirst die Aufgabe haben, die Kirche ins neue Jahrtausend zu führen. Hier hast du den Fischerring dazu.« In Fátima sagte der Papst: »Ich habe den Auftrag erfüllt, die Muttergottes bekommt ihn zurück.«

Für mich war es wie ein kleiner persönlicher »Triumph«.

Die Kurie hatte bestimmt, dass der Papst im Heiligen Jahr 2000 nicht »hinausdarf«. In der Osterwoche 2000 war die Seligsprechung der Kinder vorgesehen. Der portugiesische Episkopat hatte eine Absage für einen Besuch des Papstes erhalten und alle möglichen Leute auch. Dann hat mich Pater Kondor in seiner Not angerufen und gesagt: »Sie sind jetzt unsere letzte Rettung. Wir werden höchstens mit 2000 bis 3000 Leuten nach Rom fliegen können. Wenn der Papst hierher zu uns kommt, sind es aber eineinhalb oder zwei Millionen.« Ich sagte: »Gut, betet dafür!« Ich war dann beim Heiligen Vater wegen einer anderen Sache, das hatte sich so ergeben, und habe dabei die Bitte, nach Fátima zu kommen, vorgetragen. Daraufhin merkte ich schon, wie der Papst zwinkerte. Er hatte jedoch noch nicht »Ja« oder »Nein« gesagt. Er sagte nur: »Gewiss, ich ruf dich morgen an.« Da wusste ich, das ist gelaufen. Beim Essen sagte sein Sekretär Dziwicz ganz schadenfroh zu Kardinal Sodano: »Cardinale Meisner ha vinto« – »Kardinal Meisner hat gesiegt«. »Nein«, sagte ich: »La Madonna ha vinto« – »Die Muttergottes hat gesiegt«. Das war dann für mich ein »innerer Triumph«. Und noch etwas: Ich habe später das Messgewand, das wunderschöne, handgestickte Messgewand, das ich dort getragen habe, den Zisterzienserinnen in Marienfeld geschenkt, dem Kloster, das Kardinal Groer gestiftet hat, der ja Fátima so sehr gefördert hat. Dort habe ich viel gelernt und wir haben in Berlin auch ein Fátimaheiligtum eröffnet. Das Messgewand habe ich dort zum Dank hingebracht. Wie die Heilsgeschichte und die persönliche Biographie eines Menschen in Einklang zu bringen sind, das habe ich zum Greifen erlebt.

LÄUFER: Hatten Sie jemals eine Ahnung, wie der Papst zu Schwester Lucia stand?

Der Papst in Fátima. Johannes Paul II. im Gespräch mit Schwester Lucia, dem letzten damals noch lebenden Seherkind, dem die Gottesmutter – wie den anderen – die drei Prophezeiungen von Fátima anvertraut hatte. Foto: Prälat Erich Läufer

KARDINAL MEISNER: Der Papst war diesbezüglich so sachlich und nüchtern wie die Schwester Lucia. Also, er hat sie nie – sagen wir mal – hochstilisiert zu einer besonderen Zeugin, sondern er hat gesagt: Sie ist so wie die anderen Kinder gewesen.

LÄUFER: Bei Ihren Fátimabesuchen sind Sie oft der Ordensschwester und Seherin Lucia begegnet. Sie haben mit ihr gesprochen und ihr einmal im Auftrag des Heiligen Vaters eine Soutane geschenkt. Was war das für ein Gewand und wie hat sie reagiert?

KARDINAL MEISNER: Bei einem meiner Fátima-Besuche durfte ich Schwester Lucia, der Seherin von Fátima, eine weiße Soutane aus dem Vatikan übergeben. Die Seherkinder von Fátima hatten in ihrer Vision gesehen, dass ein Priester, weiß gekleidet, die Legion Mariens anführt und dabei niedergeschossen wird. Als das Attentat auf den Heiligen Vater am 13. Mai 1981 passierte, hat Schwester Lucia sofort gesagt, dass das der Priester in Weiß sei, auf den die Muttergottes hingewiesen habe. Nun sollte dem Klostermuseum ein solches weißes Gewand, also eine Papstsoutane, übergeben werden. Als Schwester Lucia die Soutane in den Armen hatte, sagte sie schmunzelnd: »Es wäre mir lieber, der Heilige Vater steckte darin und ich könnte ihm die Hand geben, den Ring küssen und mit ihm sprechen und seinen Segen empfangen.« Wir mussten bei diesem feierlichen Augenblick der Übergabe alle herzlich lachen. Das war wieder ein Zeichen der großen Nüchternheit und Sachlichkeit von Schwester Lucia, der es auch nie an Humor gefehlt hat.

LÄUFER: Haben Sie eigentlich jemals Schwester Lucia darum beneidet, die Muttergottes gesehen zu haben?

KARDINAL MEISNER: Nein, ich habe die Schwester Lucia nie um das Geschenk der Muttergotteserscheinung beneidet. Ich wiederhole noch einmal, dass ich mit Fátima anfangs gar nicht so viel anfangen konnte. Im Klartext:

Der Papst begrüßt Kardinal Meisner zu einer Sitzung im Vatikan. Foto: Aturo Mari, L'Osservatore Romano

Ich könnte auch ohne Fátima alle Glaubensgeheimnisse des katholischen Katechismus bejahen. Im Februar 1989 wurde ich als Erzbischof in Köln eingeführt, und im November geschah dann die große Wende: die Berliner Mauer fiel. Am 13. Mai 1990 fand der erste Fátima-Tag nach dem Mauerfall statt. Der Heilige Vater bat mich, an seiner Stelle in Fátima die große Danksagungsmesse zu feiern, an dem Ort, an dem die Muttergottes schon 1917 den Untergang des Kommunismus prophezeit hatte. Dieses Ereignis hat mich so fasziniert, dass ich mich mit der Botschaft von Fátima ernstlich auseinandersetzen musste, und ich bin heute noch zutiefst überzeugt, dass Gott praktisch 10 Jahre bevor das Licht des Glaubens durch die Oktoberrevolution in Russland ausging, an der äußersten Grenze Westeuropas das Licht des Glaubens schon wieder angezündet hat, damit es dann durch die Welt in den äußersten Osten des Kontinents getragen werden sollte.

Der unermüdliche Kampf für den Frieden

LÄUFER: Das Friedensgebet in Assisi hat Papst Johannes Paul II. auch viel Kritik eingebracht. Es war optisch schon eine Überraschung, dass sich der Heilige Vater ohne Podest, auf gleicher Höhe, mit den Vertretern anderer Religionen zeigte. Hat er sich Ihnen gegenüber dazu einmal geäußert? Ist das Friedensgebet in Assisi eine Vision, die erst noch zu entdecken ist?

KARDINAL MEISNER: Ich hatte mehrere Male den Heiligen Vater auf das Friedensgebet von Assisi angesprochen. Ich sagte ihm offen, dass damit doch die Gefahr gegeben sei, den Glauben der Christen synkretistisch aufzuweichen. Er antwortete mir: »Lesen Sie meine Ansprachen, die ich dort gehalten habe, und Sie werden nichts von Synkretismus finden.« Damit hatte er völlig recht. Aber ich erwiderte dem Heiligen Vater: »Nicht die Botschaft der Worte ist hierbei entscheidend, sondern die Botschaft der Bilder.« Auf denen steht der Heilige Vater mit Vertretern der Weltreligionen auf einer Stufe, und das könnte bedeuten – so haben viele argumentiert –: Alle Religionen seien gleich. Wir brauchten deshalb gar nicht mehr die Welt zu missionieren. Wir müssten nur helfen, dass der Moslem ein besserer Moslem wird, der Buddhist ein besserer Buddhist.

Jeder soll eben nach seiner Façon selig werden. Natürlich stimmt das so nicht. Man kann auch nicht von einem Friedensgebet in Assisi sprechen, sondern von Friedensgebeten. Jede Weltreligion hat für sich an einem anderen Ort in Assisi gebetet, und als man gemeinsam zusammenkam, hat man nur noch Friedensappelle an die Welt gerichtet.

Für die Einheit der Christen

LÄUFER: Wenn der deutsche Kardinal mit dem Papst in Rom, der aus dem katholischen Polen stammt, über Ökumene gesprochen hat, war das mitunter heikel? Es könnte ja sein, dass Papst Johannes Paul II. als Pole viel zu wenig Kontakt mit evangelischen Christen hatte, um die deutsche Situation richtig einzuschätzen.

KARDINAL MEISNER: Der Heilige Vater war immer sehr kompetent auf dem Gebiet der orthodoxen Christenheit. Hier spürte man seine besondere Nähe, schon rein geographisch, zum großen orthodoxen Land Russland. In Lublin, der Stadt mit der damals einzigen katholischen Universität im Ostblock, gibt es im Schloss eine Kapelle aus dem Mittelalter, die in ihrer architektonischen Gestalt ganz westlich im gotischen Stil konstruiert ist, aber die Ausmalung ist bis ins Detail hinein die einer orthodoxen Kirche. Hier wird etwas vom geistigen Hintergrund des Heiligen Vaters sichtbar. Im Hinblick auf das protestantische Christentum war der Papst sehr gut unterrichtet, aber mehr durch Lektüre als durch Erfahrung. Er bemühte sich daher immer sehr, mit Verantwortlichen der evangelischen Gemeinschaften in Kontakt zu bleiben.

Der Humor des Papstes

LÄUFER: Ich möchte noch einmal auf persönliche Eindrücke und Erinnerungen zurückkommen, die Sie als Freund des Papstes gemacht haben. Wie war das eigentlich mit dem Humor des Papstes?

KARDINAL MEISNER: Natürlich hatte der Papst einen ausgesprochenen Humor. Der ist mir besonders bei einer Situation bewusst geworden und unvergesslich geblieben. Als ich zum ersten Mal nach meiner Ernennung zum Mitglied des Kardinalsrates für das Studium der ökonomischen Angelegenheiten des Heiligen Stuhles an einer Sitzung teilnahm und der Papst die Kardinalsmitglieder anschließend zum Mittagessen einlud, sagte er laut vor allen: »Herr Kardinal Meisner, Sie sind zum ersten Mal in dieser hohen Versammlung und haben sich mit den vatikanischen Finanzen beschäftigt. Haben Sie den Eindruck, dass auch hier polnische Wirtschaft herrscht?«

Ich war über diese Selbstironie und über den Humor so perplex, dass ich kaum eine Antwort geben konnte und die anderen Kardinäle mich neugierig fragten: »Was hat der Heilige Vater damit gemeint?« Wenn es stimmt, dass der Humus, also der Mutterboden, für den Humor, für den Mutterwitz, die Humilitas, die Demut, ist, dann hat sich das bei dieser Situation mit dem Papst verifizieren lassen, denn Humilitas – Demut – bedeutet: sich selbst auf den Arm nehmen zu können.

LÄUFER: Freunde signalisieren auch in der Öffentlichkeit ihre besonderen Beziehungen. Wenn ich an ein solches »Signal« erinnere, hätte ich gerne gewusst, wie Sie selbst das empfinden. Also: Es war in Manila, am Nachmittag bei einem großen Festakt unter Anwesenheit vieler Kardinäle und Bischöfe, zahlreicher Politiker und Diplomaten. Sie saßen als Vertreter der Deutschen Bischofskonferenz in der ersten Reihe, um den Preis entgegenzunehmen, der für die deutsche Hilfe bei »Radio Veritas« verliehen wurde. Der Papst hielt die Laudatio in englischer Sprache. Als er sagte: »I am happy, to give this award to the German Cardinal Joachim Meisner«, machte er eine Pause, ließ das Manuskript sinken, zeigte auf Sie in der ersten Reihe und lachte in breitem Deutsch: »Da sitzt er, der Kardinal Meisner«, und es gab viel Beifall.

KARDINAL MEISNER: Der Heilige Vater ist mir mit der Gnade Gottes als väterlicher Freund zugewachsen. In seiner Nähe hatte ich nie das Gefühl, eine innere seelische Sicherung einbauen zu müssen, die mir sagte: Pass auf, was du jetzt sagst, denn es ist immerhin der Papst! Vielmehr habe ich mich so gegeben, wie ich es daheim mit meinen Geschwistern auch tue, in dem Bewusstsein, der Papst meint es so gut mit dir, dass du dich hier gar nicht zu zieren oder zu verstellen brauchst. Ich konnte vor ihm ganz selbstverständlich so sein, wie ich bin.

LÄUFER: Einmal hat er Sie lobend und ausdrücklich erwähnt, obwohl Sie nicht anwesend waren. Das war im Jubiläumsjahr 2000, als er das Heilige Land besuchte und zum Gebet in die Brotvermehrungskirche von Tabgha kam. Damals durfte ich ihn in Ihrem Namen – Sie sind Präsident des Deutschen Vereins vom Heiligen Lande – dort begrüßen. Reaktion des Papstes vor allen Leuten: »Dann bin ich ja hier auf Kardinal Meisners deutschem Territorium!«

Papst Johannes Paul II. in Israel im Heiligen Jahr 2000. Mit dem Besuch der Brotvermehrungskirche in Tabgha am See Gennesaret betritt er »Kardinal Meisners deutsches Territorium im Heiligen Land«. Von links: der Kölner Weihbischof Dr. Klaus Dick, Pater Stephan OSB, Johannes Paul II., Abt Benedikt Lindemann OSB, Prälat Erich Läufer. Foto: Archiv KiZ

KARDINAL MEISNER: Ja, ich glaube, der Heilige Vater meinte, sich auf Joachim Kardinal Meisner verlassen zu können. Ich habe mich sehr bemüht, diesem Vertrauen zu entsprechen, und tue das bis heute noch, denn er ist ja nicht von uns weggegangen, er ist uns nur vorausgegangen. Denn der Tod ist nur das Hinübergehen von der einen Hand Gottes in die andere. Wir bleiben über das Herz Gottes mit ihm und mit all unseren Verstorbenen weiter verbunden.

Ich muss das hier ehrlich bekennen, ich habe noch nie für den toten Papst gebetet, immer aber zu ihm, meinem väterlichen Freund, der fast 27 Jahre das Petrusamt auf Erden ausübte.

Beim Papst zu Tisch

LÄUFER: In Rom gilt es als besondere Ehre und Auszeichnung, vom Papst zum Essen oder zum Frühstück eingeladen zu werden. Sie haben oft diese Einladung angenommen. Ging es bei solchen Essen »förmlich« zu und können Sie sich an Lieblingsspeisen des Papstes erinnern?

KARDINAL MEISNER: Papst Johannes Paul II. hat nie allein gegessen, weder beim Frühstück noch mittags noch abends. Ich habe mir immer gedacht: Ich könnte das gar nicht. Und diese Mahlzeiten waren meist Arbeitsbesprechungen, bei denen sich der Papst viel Zeit nahm. Es galt für mich als Verabredung, wenn ich in Rom zu tun hatte, im Apostolischen Palast Bescheid zu sagen, dass ich da bin. Und wenn es der Heilige Vater einrichten konnte oder einrichten wollte, dann bekam ich die Nachricht, ich sollte zum Mittagessen oder zum Abendessen kommen. Es ging dabei überhaupt nicht förmlich zu. Der Heilige Vater kniete meist schon in der Kapelle vor dem Tabernakel zur Adoratio. Einer der Sekretäre führte mich in die Kapelle. Und nach der Adoratio gingen wir mit dem Heiligen Vater in das Speisezimmer, dort wurde das lateinische Tischgebet verrichtet, und dann setzten wir uns hin. Mit dem Essen begann gleich das Gespräch. Ich kann mich nicht erinnern, ob der Heilige Vater eine Speise besonders gern gegessen hat. Ich weiß nur, dass er immer kräftig zugegriffen hat, so dass man nie Hemmungen haben musste, zu viel von der Speiseplatte zu nehmen. Manchmal musste ich sagen: »Heiliger Vater, wir sollten jetzt Schluss machen. Nach einer Stunde müssen Sie laut Terminkalender schon wieder eine Delegation empfangen.« Dann konnte es oft geschehen, dass er sagte: »Ach, bleiben Sie noch ein paar Minuten!« Nach dem Tischgebet gingen wir wiederum zu einer kurzen Danksagung in die Kapelle. Danach verabschiedete er mich sehr herzlich.

LÄUFER: Als Freund kennt man auch die anderen Freunde des Papstes oder nicht? Sicher können Sie beschreiben, wie das Verhältnis zwischen dem Heiligen Vater und Mutter Teresa war. Es wird auch diskutiert, welche Rolle der Gründer von Taizé, Roger Schutz, für Johannes Paul II. gespielt hat.

KARDINAL MEISNER: Wenn man in Gegenwart des Heiligen Vaters von Mutter Teresa sprach, dann leuchteten seine Augen. Sie war für ihn das personifizierte Evangelium. Ohne jedes Drängen seitens Mutter Teresa hat er darauf bestanden, dass im Vatikan die Schwestern von Mutter Teresa eine Suppenküche einrichten konnten. Nicht alle Verantwortlichen im Vatikan haben sich darüber gefreut, aber es war der ausgesprochene Wille des Papstes. Für ihn war das eine Sache des Herzens. Es gehört zur Spiritualität dieses großartigen Christen, Bischofs und Papstes, dass er den Glauben – soweit es in seiner Kraft stand – auch immer zur Praxis werden ließ. Seine Orthodoxie, so würde man theologisch sagen, versuchte er, in die Orthopraxie zu überführen. Vom Gründer von Taizé, Roger Schutz, hatte der Papst ebenfalls eine sehr hohe Meinung. Vielleicht gab es zwischen ihnen auch eine gewisse geistliche Verwandt-

Kardinal Meisner und Johannes Paul II. bei einem der häufigen Zusammentreffen im Vatikan. Foto: Aturo Mari, L'Osservatore Romano

schaft: der Papst, der die Weltjugendtage initiiert hatte, mit dem Gründer von Taizé, der die ökumenischen Jugendtreffen über Silvester und Neujahr in ganz Europa ins Leben gerufen hatte.

Die Spuren des Heiligen Vaters

LÄUFER: Von einem Kardinal, der viel in der Weltkirche herumgekommen ist und der bei so vielen Papstreisen dabei war, darf man ein Fazit darüber erwarten, warum der verstorbene Papst so gut wie alle Länder unserer Erde besuchte. Die Frage drängt sich auf: Was wird von diesen Reisen hängen bleiben?

KARDINAL MEISNER: Ich bin zutiefst überzeugt, dass die Spuren, die Papst Johannes Paul II. in fast allen Ländern der Welt hinterlassen hat, nicht verweht werden können. Nicht nur deswegen, weil in den meisten Städten und Gegenden, die er besucht hatte, steinerne und bronzene Papstdenkmäler errichtet worden sind oder Schulen, Kindergärten und Krankenhäuser ihm zu Ehren gegründet wurden, sondern weil er das Bewusstsein der Menschen verändert hat, indem er ihnen klarmachen konnte, dass der Mensch ohne Gott nicht Mensch bleiben kann und dass die Erde ohne den Himmel unter die Räuber fällt. Ich glaube, dass die Menschen in aller Welt diese Botschaft verstanden haben oder sich zumindest der Faszination dieser Botschaft nicht entziehen konnten. Bei seinem Sterben im Jahr 2005 kannten weltweit junge Menschen bis zum 27. Lebensjahr keinen anderen Papst als Johannes Paul II., der zwei Generationen mit seiner Ausstrahlung und mit seiner Verkündigung positiv prägen konnte.

Läufer: Zu Beginn unseres Gespräches haben Sie von Ihrer gemeinsamen Sorge um Priesternachwuchs gesprochen. Die Sorge ist geblieben. Was kann ein Priester vom verstorbenen Papst Johannes Paul II. für sein priesterliches Leben lernen?

Kardinal Meisner: Was wir Priester vom heimgegangenen Papst Johannes Paul II. lernen können, ist seine Gleichzeitigkeit und Gleichräumlichkeit mit Jesus Christus. Für ihn war Christus keine Gestalt der Vergangenheit oder der Zukunft, sondern Christus war sein täglicher Lebensgefährte, so dass er das ganze Christusereignis im Kirchenjahr – ich nenne es etwas feierlich – existenziell mitlebte, und zwar so unmittelbar, wie er Begegnungen mit Besuchern oder seinen Mitarbeitern hatte. Die Kirche war also der Raum, in dem sich das Palästina von damals vergegenwärtigte. Das Kirchenjahr war die Zeit, in der er gleichsam auf die gleiche Augenhöhe mit Christus gelangte. Darum war sein Priestertum von einer urwüchsigen und ursprünglichen Christusfreundschaft geprägt, weniger durch Abstraktion – obwohl er darin ein Meister war –, sondern mehr durch die lebendige Praxis in Meditation und priesterlichem Dienst. Daraus ist seine Hochschätzung der täglichen Messfeier zu erklären. Das ist sein Vermächtnis an uns Priester. Er sagt dazu wörtlich: »Der Priester ist ein Mann der Eucharistie. In den fast 50 Jahren meines priesterlichen Dienstes war die heilige Eucharistie für mich immer das wichtigste und heiligste Geschehen. Das Bewusstsein, am Altar in persona Christi zu feiern, prägt mich. Die Heilige Messe ist absolut das Zentrum meines Lebens und jedes meiner Tage, sie ist der Mittelpunkt der Theologie des priesterlichen Dienstes.«

»Santo subito«

LÄUFER: Zwei Tage nach dem Tod des Papstes wurden in Rom Transparente gezeigt: »Santo subito«. Gäbe es nicht das vorgeschriebene, akribisch genaue Verfahren der Heiligsprechung, dürften wir sicher sein, dass der Verstorbene damals schon in die Allerheiligenlitanei aufgenommen worden wäre. Werden Sie das noch erleben, dass Ihr Freund zur Ehre der Altäre erhoben wird?

KARDINAL MEISNER: Ja, ich bin zutiefst überzeugt, dass wir hoffentlich recht bald die Seligsprechung des Heiligen Vaters Johannes Paul II. erleben. Ich habe das kürzlich anlässlich unseres Ad-Limina-Besuches bei der Begegnung in der Selig- und Heiligsprechungskongregation ausdrücklich gesagt: Man sollte eigentlich bei Johannes Paul II. gleich eine Heiligsprechung vornehmen und nicht erst eine Seligsprechung vorschalten. Denn die Verehrung eines Seligen in der Kirche ist begrenzt auf die Region, in der der Selige gelebt hat. Es liegt aber in der Natur seines Dienstes, dass ein Papst immer für den universellen Dienst erwählt und gesandt worden ist. Es wäre doch ein Unding, Papst Johannes Paul II. nach seiner Seligsprechung nur in Rom und in Polen verehren zu dürfen, während wir in den anderen Regionen der Weltkirche ständig um Sondererlaubnisse nachsuchen müssten. Papst Benedikt XVI. hat ähnlich wie sein Vorgänger bei Mutter Teresa die Fünfjahresfrist aufgehoben, nach der ein Seligsprechungsprozess erst fünf Jahre nach dem Tod des seligzusprechenden Menschen begonnen werden darf. Natürlich, je mehr ein solcher Christ gesprochen und geschrieben hat, desto mehr muss die Kongregation nachprüfen und studieren. Und Johannes Paul II. hat ja nicht nur ein paar Bücher hinterlassen, sondern eine ganze Bibliothek. Aber er hat immer geschrieben und gelehrt unter den Augen der gesamten Kirche, so dass man auch in diesem Fall ein wenig großzügiger mit der Prüfung umgehen könnte, um ihn recht bald zur Ehre der Altäre zu erheben. Viele, die ihm freundschaftlich verbunden sind, die ihn geliebt haben, denen er ein wirklicher Lehrer und Bruder gewesen ist, würden sich mitgeehrt fühlen, wenn sie dieses Ereignis noch selbst erleben könnten.

Papst Johannes Paul II. begegnet einer Kölner Pilgergruppe im Petersdom.
Foto: Prälat Erich Läufer

Lebenswege

Papst Johannes Paul II., Karol Wojtyła

Am 18. Mai 1920 wurde Karol Wojtyła im polnischen Wadowice, einer Kleinstadt bei Krakau, geboren. Sein Vater war von Beruf Schneider und ein ehemaliger k. u. k.-Offizier. Seine Mutter starb, als Karol neun Jahre alt war. Im Alter von 12 Jahren verlor er seinen älteren Bruder. Eine Schwester war bereits vor seiner Geburt verstorben. Er besuchte ab 1930 das Gymnasium, wo er auch an Theateraufführungen mitwirkte. Wojtyła war Ministrant und beendete die Schule mit Bestnoten. Im Sommer 1938 siedelte er mit dem Vater nach Krakau über und begann dort an der Jagiellonen-Universität ein Studium der Philosophie und Literatur. Drei Jahre später, im Jahre 1941, starb sein Vater. An der Universität schloss sich Wojtyła einer Theatergruppe an, in der er bis 1943, zuletzt im Untergrund, wirkte. Nach dem Ausbruch des Zweiten Weltkrieges wurde die Universität von den deutschen Besatzern geschlossen. Wojtyła führte seine Studien in der Untergrunduniversität fort, wurde aber zur Zwangsarbeit erst in einem Steinbruch, später in einer Chemiefabrik verpflichtet. Wadowice und Krakau waren bis zum Zweiten Weltkrieg sehr stark durch die jüdische Kultur geprägt; zeitlebens hatte Karol Wojtyła ein positives Verhältnis zum Judentum. Im Oktober 1942 trat er ins geheime Priesterseminar der Erzdiözese Krakau ein.

Priester und Professor

Am 1. November 1946 wurde er von Kardinal Sapieha zum Priester geweiht. Danach ging er zum weiteren Studium nach Rom. Am päpstlichen Institut Angelicum schloss er 1948 sein Studium als Doktor der Philosophie ab. Im Anschluss daran war er als Kaplan in Polen tätig. An der Krakauer Studentenkirche *Sankt Florian* wurde er für seine Predigten bekannt. Er war bald ein beliebter Ansprechpartner der katholischen Studenten. Wojtyła kehrte an die Universität zurück und promovierte 1949 auch in Theologie. Ab 1953 lehrte Wojtyła als Professor für Moraltheologie in Krakau und bekam 1954 einen Lehrauftrag für Philosophie und Sozialethik an der Katholischen Universität von Lublin, wo er 1955 auch habilitierte.

Bischof und Kardinal

Am 28. September 1958 wurde er zum Weihbischof von Krakau geweiht. Wojtyła nahm aktiv am II. Vatikanischen Konzil teil; sein Hauptaugenmerk lag dabei auf der Religionsfreiheit, die in dem Dokument *Dignitatis Humanae* beschworen wurde, und einer zeitgemäßen Verkündigung der kirchlichen Lehre, die im Konzilspapier *Gaudium et Spes* gefordert wurde.

Am 13. Januar 1964 folgte er Kardinal Sapieha im Amt des Erzbischofs von Krakau. Zum Kardinal erhoben wurde er am 26. Juni 1967. Sein Episkopat in Krakau ist vor allem durch Konfrontation mit dem kommunistischen Regime Polens geprägt. Er setzte den Bau einer Kirche in der neu gegründeten Arbeiterstadt Nowa Huta durch und forderte in seinen Predigten die freie Religionsausübung für alle Polen ein.

Deutsch-polnische Versöhnung

1965 war er maßgeblich an dem Brief des polnischen Episkopats an die deutschen Amtsbrüder beteiligt, in dem zur Versöhnung zwischen beiden Völkern aufgerufen wurde. Im Zuge der kirchlichen Bemühungen um eine deutsch-polnische Aussöhnung besuchte Wojtyła 1974 Deutschland und zelebrierte mit dem Münchner Kardinal Döpfner am

19. September eine Versöhnungsmesse im ehemaligen KZ Dachau. Im September 1975 zelebrierte er mit Bischof Joachim Meisner, den er später zum Kardinal ernannte, den Wallfahrtsgottesdienst in Erfurt. Ein letzter Deutschlandbesuch vor seiner Wahl erfolgte 1978 zusammen mit dem Primas von Polen, Kardinal Wyszyński.

Anfangsjahre des Pontifikats

Am 16. Oktober 1978 wurde Karol Wojtyla im Konklave von den versammelten Kardinälen im 8. Wahlgang in der Sixtinischen Kapelle als Nachfolger des verstorbenen Johannes Paul I. zum Papst und Bischof von Rom gewählt. Damit war er der erste nichtitalienische Papst seit Hadrian VI. (* 1459 in Utrecht, heute Niederlande) sowie der erste slawische Papst der Kirchengeschichte. Johannes Paul war bei seiner Wahl mit 58 Jahren der jüngste Papst seit Pius IX. Zudem war er in außerordentlich guter körperlicher Verfassung. Im Gegensatz zu anderen Päpsten vor ihm trieb er in jener Zeit noch Sport, er schwamm und fuhr regelmäßig Ski.

Bereits am 25. Januar 1979 begab sich der Papst auf die erste von insgesamt 104 Auslandsreisen in die Dominikanische Republik, nach Mexiko und auf die Bahamas. Am 4. März folgte die Antrittsenzyklika *Redemptor hominis*, die ihn als *Papst der Menschenrechte* erscheinen ließ und den markanten Satz enthielt: *Der Weg der Kirche ist der Mensch*. In den ersten Jahren seines Pontifikats standen das Beharren auf der Religionsfreiheit und eine damit verbundene Konfrontation mit den kommunistischen Regimes Osteuropas im Vordergrund. Die Außenpolitik Johannes Pauls II. gegenüber dem Ostblock unterschied sich erheblich von der seiner kompromissbereiteren Vorgänger. Die polnische Parteiführung konnte eine Pastoralreise in die Heimat aufgrund seiner Popularität nicht verhindern. Vom 2. Juni bis 10. Juni 1979 besuchte er zum ersten Mal als Papst sein Heimatland Polen. In Polen sahen etwa 10 Millionen Menschen den Papst, ein Viertel der gesamten polnischen Bevölkerung. Johannes Paul II. wurde zum

Symbol des polnischen Widerstands. Weitere Reisen in den folgenden Jahren führten ihn nach Zentralafrika und Ostasien. Im November 1980 besuchte er erstmals als Papst die Bundesrepublik Deutschland, 1983 erstmals Österreich.

Das Attentat

Am 13. Mai 1981 verübte der Türke Mehmet Ali Ağca auf dem Petersplatz in Rom ein Attentat auf Johannes Paul II. Dieser wurde dabei durch drei Kugeln schwer verletzt. Die Hintergründe des Attentats konnten nie zweifelsfrei aufgeklärt werden. Ein Untersuchungsausschuss des italienischen Parlaments kam 2006 zu dem Schluss, dass das Attentat vom russischen Geheimdienst in Zusammenarbeit mit dem bulgarischen Geheimdienst sowie der Stasi ausgeführt worden war. Aufsehen erregte der Papst, als er den Attentäter, dem er schon auf dem Krankenbett vergeben hatte, nach der Genesung im Gefängnis besuchte.

Marienverehrung

Die Marienverehrung war für Johannes Paul II., der seine Mutter in jungen Jahren verlor, besonders wichtig. Seinen Wahlspruch »Totus tuus« (ganz dein) verstand er als Hingabe an Jesus durch Maria. Da der Tag des Attentats auf den Tag fiel, an dem sich in Fátima die erste Marienerscheinung ereignet hatte, schrieb Johannes Paul II. seine Rettung der Gottesmutter zu und bedankte sich mit einer Wallfahrt in den portugiesischen Wallfahrtsort. Dabei brachte er das Geschoss, das ihm aus dem Bauch entfernt worden und inzwischen vergoldet und in eine kleine Krone gefasst war, der Madonna von Fátima als Geschenk dar. Die Madonna trägt bis heute diese Krone mit der Kugel auf dem Kopf.

Auslandsreisen und Friedensinitiativen

Am 28. Mai 1982 besuchte Johannes Paul II. als erster Papst seit der Kirchenspaltung vor 450 Jahren Großbritannien. Während seines sechstägigen Aufenthaltes wurde er von Königin Elisabeth II. empfangen, und er besuchte einen ökumenischen Gottesdienst in der Kathedrale von Canterbury. Als erstes Oberhaupt der Katholiken besuchte er am 13. April 1986 in Rom eine Synagoge. Am 27. Oktober dieses Jahres kam es in Assisi zu dem von ihm initiierten Gebet der Weltreligionen für den Frieden. 1987 besuchte der Papst erneut Deutschland (nochmals 1996), 1988 Österreich (nochmals 1998). Am 1. Dezember 1989 wurde der damalige Generalsekretär der KPdSU Michail Gorbatschow vom Papst im Vatikan empfangen. Im Dezember 1994 kürte das US-Magazin *Time* Johannes Paul II. zum *Mann des Jahres*, weil er sich in besonderer Weise für den Frieden und die Menschenrechte einsetzte. Am 15. Januar 1995 nahmen in Manila vier Millionen Menschen am größten Gottesdienst in der Geschichte der römisch-katholischen Kirche teil. Es war zugleich die größte bekannte Versammlung in der Geschichte der Menschheit. Am 21. Januar 1998 führte ihn eine Pilgerreise nach Kuba.

Das Heilige Jahr und der interkulturelle Dialog

Mit der Öffnung der Heiligen Pforte am 25. Dezember 1999 begannen die Feierlichkeiten für das Heilige Jahr 2000. Am 12. März 2000 sprach der Papst ein »*Mea Culpa*« für die Kirche wegen ihrer Verfehlungen wie Glaubenskriege, Judenverfolgungen und Inquisition aus. Acht Tage später begann eine Reise nach Israel, Jordanien und in die Palästinensergebiete, bei der er die Holocaust-Gedenkstätte Yad Vashem in Israel besuchte und an der Klagemauer betete. Im August fand in Rom ein neuer Weltjugendtag statt, bei dem wieder über 3 Millionen Gläubige aus der ganzen Welt teilnahmen. Als erster Papst betrat er am 6. Mai 2001 in Damaskus eine Moschee (Umayyaden-Moschee). Am 5. und 6. Juni 2004 besuchte er das nationale katholische Jugendtreffen in Bern, Schweiz, und am 14. August 2004 den französischen Marienwallfahrtsort Lourdes. 1979 beauftragte Johannes Paul II. die Päpstliche Akademie der Wissenschaften, den berühmten Fall Galileo Galilei aufzuarbeiten. Am 31. Oktober 1992 wurde der Kommissionsbericht übergeben, und Johannes Paul II. hielt eine Rede, in der er das gegenseitige Missverstehen von Wissenschaft und Kirche bedauerte. Papst Johannes Paul II. hat in seiner Amtszeit 1338 Selig- und 482 Heiligsprechungen vorgenommen. Die Zahl aller von seinen Vorgängern in den letzten 400 Jahren insgesamt heiliggesprochenen Personen ist nur etwa halb so hoch. Er sprach auch die italienische Kinderärztin Gianna Beretta Molla als eine von wenigen verheirateten Frauen heilig. Sie gilt als Vorbild aller, die sich gegen Abtreibung entscheiden. Am 24. März 2004 wurde in Rom Johannes Paul II. der außerordentliche Karlspreis der Stadt Aachen für seinen Einsatz für Frieden, Freiheit und Demokratie in Europa verliehen.

Krankheit und Tod

Der sich kontinuierlich verschlechternde Gesundheitszustand Johannes Pauls II. prägte die letzten Jahre seines Pontifikats. Insbesondere durch die Parkinson-Krankheit hervorgerufene Lähmungserscheinungen und Schwierigkeiten beim Sprechen behinderten ihn. Er litt unter den Folgen des Attentats und einer Arthritis im rechten Knie als Folge einer Hüftoperation.

Dies alles prägte mit der Zeit das Bild eines körperlich angeschlagenen Papstes, obwohl Johannes Paul II. sich anfangs gerade durch seine ungewöhnlich gute körperliche Verfassung ausgezeichnet hatte. Anfang 2005 kam es dann aber zu einer dramatischen Verschlechterung seines Gesundheitszustandes. Am 1. Februar 2005 wurde Johannes Paul II. wegen Kehlkopfentzündung und Atemnot in die Gemelli-Klinik in Rom gebracht. Nachdem er zwischendurch am 10. Februar entlassen werden konnte, musste er aufgrund eines Rückfalls bereits am 24. Februar wieder eingeliefert werden. Am selben Tag wurde ein Luftröhrenschnitt durchgeführt. Am 13. März 2005 kehrte Johannes Paul II. wieder in den Vatikan zurück, konnte aber erstmals in seiner Amtszeit an den Osterfeierlichkeiten nicht aktiv teilnehmen, sondern zeigte sich den Pilgern am Ostersonntag (27. März) nur stumm am Fenster seines Arbeitszimmers zur Spendung des traditionellen Segens *Urbi et Orbi*. Am 30. März 2005 ließ sich der Papst erneut zum üblichen Mittwochstermin am Fenster seiner Privatgemächer sehen. Es war der letzte öffentliche Auftritt des Papstes. Am 31. März 2005 verschlechterte sich dann der Gesundheitszustand erneut, und dem Papst wurde das Sakrament der Krankensalbung gespendet. Im Alter von 84 Jahren verstarb er am Abend des 2. April 2005, am Vorabend des Sonntags der »Göttlichen Barmherzigkeit«, in seinen Privaträumen im Vatikan. Einen erneuten Krankenhausaufenthalt und intensivmedizinische Behandlung hatte er abgelehnt. Seine letzten Worte richtete er schriftlich an die ihn umsorgenden Nonnen und Priester: *»Ich bin froh, seid ihr es auch!«* Danach auf Polnisch: *»Lasst mich zum Haus des Vaters gehen!«* Vier Stunden später fiel er in ein Koma und verschied nach weiteren zwei Stunden.

Beisetzung

Das Leiden und der Tod von Johannes Paul II. wurden nicht nur von der katholischen Kirche, sondern auch von der Weltöffentlichkeit mit großer Anteilnahme verfolgt. Mit der Todesnachricht setzte eine große Pilgerbewegung nach Rom ein, wo am Abend des 4. April der Leichnam aufgebahrt wurde. Bereits während des ersten Tages erwiesen eine halbe Million Menschen dem verstorbenen Papst die letzte Ehre. Zur Totenmesse am 8. April 2005 auf dem Petersplatz waren 3,5 Millionen Pilger nach Rom gekommen; viele davon aus seiner polnischen Heimat. 200 Staats- und Regierungschefs sowie hohe geistliche Vertreter verschiedener Religionen (u. a. der Ökumenische Patriarch von Konstantinopel, Bartholomäus I., der Metropolit von Smolensk und Kaliningrad als Vertreter des Außenamtes der Russisch-Orthodoxen Kirche sowie der Papst der Koptischen Kirche) wohnten der Zeremonie bei. Die Totenmesse wurde von Kardinal Joseph Ratzinger geleitet, dem Dekan des Kardinalskollegiums, der im Konklave wenige Tage später zum Nachfolger Johannes Pauls II. gewählt wurde. In seiner Predigt würdigte er das Leben und das Pontifikat Karol Wojtyłas. Die Messe und das Heraustragen des Sarges wurden vom Beifall der angereisten Pilger begleitet. Sprechchöre und Spruchbänder zahlreicher Pilger forderten die sofortige Heiligsprechung Johannes Pauls II. Der Verstorbene wurde unter Ausschluss der Öffentlichkeit in der Papstgruft des Petersdoms beigesetzt.

Seligsprechung

Mit dem Ruf *Santo subito* hatten viele Gläubige auf dem Petersplatz eine sofortige Heiligsprechung Johannes Pauls II. gefordert. Wenige Wochen nach dem Tod des Papstes, am 13. Mai 2005, dem Tag des Attentats von 1981, gab Papst Benedikt XVI. die Eröffnung des Seligsprechungsprozesses bekannt. Er setzte dafür die kirchenrechtlichen Bestimmungen außer Kraft, nach denen dieser Prozess erst fünf Jahre nach dem Tod des Betreffenden eröffnet werden soll. Kurz vor dem ersten Todestag beendete das Krakauer Tribunal seine Untersuchungen über sein Leben bis zur Papstwahl. Anschließend begann ein Tribunal in Rom mit der Aufarbeitung seines Pontifikats.

Joachim Kardinal Meisner, Erzbischof von Köln

Am 25. 12. 1933 wurde Joachim Meisner im Breslauer Stadtteil Lissa (poln. Lesnica) geboren. Er wuchs mit drei Brüdern in einem stark katholisch geprägten Umfeld auf. Nach der Vertreibung 1945 aus Schlesien und dem Tod seines Vaters im selben Jahr lebte Meisner im thüringischen Körner. Nach einer Lehre als Bankkaufmann trat Meisner 1951 ins Norbertuswerk in Magdeburg ein, ein Studienseminar für Spätberufene, und holte hier sein Abitur nach. Von 1959 bis 1962 studierte er Philosophie und Theologie in Erfurt, wo er im Dezember 1962 zum Priester geweiht wurde.

Priester und Bischof

Er war Kaplan in Heiligenstadt und Erfurt, danach Rektor des Erfurter Caritasverbandes. 1969 promovierte er zum Dr. theol. an der Päpstlichen Universität Gregoriana in Rom. Am 17. März 1975 wurde er zum Titularbischof von Vina und zum Weihbischof von Erfurt-Meiningen ernannt. Am 17. Mai desselben Jahres wurde er durch den Apostolischen Administrator von Erfurt, Bischof Hugo Aufderbeck, zum Bischof geweiht. Zum Bistum Erfurt gehört unter anderem das Eichsfeld, eine katholische Enklave in der protestantisch bis atheistisch geprägten DDR. Dort fand Meisner ein ähnliches katholisches Gemeindeleben vor wie in seiner schlesischen Heimat. Am 25. April 1980 ernannte ihn Papst Johannes Paul II., den er seit Jahren persönlich kannte, zum Bischof von Berlin. In dieses Amt wurde er am 17. Mai 1980 eingeführt. Von 1982 bis 1989 war Meisner Vorsitzender der Berliner Bischofskonferenz. Am 2. Februar 1983 nahm ihn Johannes Paul II. als Kardinalpriester mit der Titelkirche *Santa Pudenziana* in das Kardinalskollegium auf.

Erzbischof und Kardinal in Köln

Nach dem Tod Joseph Kardinal Höffners 1987 wurde Kardinal Meisner auf Aufforderung Papst Johannes Pauls II. von den Domkapitularen der Erzdiözese Köln zum neuen Erzbischof gewählt. Am 20. Dezember 1988 wurde Meisner nach seiner Wahl – die er selber nicht angestrebt hatte – zum Erzbischof von Köln ernannt und am 12. Februar 1989 in dieses Amt eingeführt. Kardinal Meisner ist derzeit Vorsitzender der Liturgiekommission der deutschen Bischofskonferenz und der katholischen Hilfsorganisation *Renovabis*. Weiterhin ist er Mitglied mehrerer kurialer Kongregationen, darunter der Kongregation für den Klerus. Kardinal Meisner ist Träger zahlreicher Auszeichnungen und Würden. Er ist Ehrendoktor der Universitäten Breslau und Lublin, Ehrenbürger der Städte Trzebnica / dt. Trebnitz in Polen und Levoca / dt. Leutschau in der Slowakei. Er ist Träger des Großen Verdienstkreuzes der Bundesrepublik Deutschland mit Stern und Schulterband und des Ordens des Weißen Löwen III. Klasse der Tschechischen Republik.

Veröffentlichungen

Mit dem Herzen sehen. Chancen und Auftrag der Kirche zu Beginn des dritten Jahrtausends, Aachen 2000

Die heilige Messe, Augsburg 1997

Spuren Gottes auf unseren Wegen. Der Alltag als Begegnungsfeld des Menschen mit Gott, Hildesheim/Berlin 1993

Wider die Entsinnlichung des Glaubens. Gedanken zur Re-Evangelisierung Europas, Graz u. a. 1990

Unsere Hoffnung stärke euch, Köln u. a. 1989

Sein, wie Gott uns gemeint hat! Betrachtungen zu Maria, Berlin/Hildesheim 1988

Nachreformatorische katholische Frömmigkeitsformen in Erfurt (Erfurter theologische Studien, Bd. 26), Leipzig 1971

Das Auditorium Coelicum am Dom zu Erfurt. Ein Beitrag zur Universitätsgeschichte Erfurts (Erfurter theologische Schriften, Bd. 6), Leipzig 1962